株式分割と資本市場
―なぜ株式分割はインサイダー取引規制における重要事実なのか―
（令和7年2月27日開催）

報告者　飯　田　秀　総
（東京大学大学院法学政治学研究科教授）

目　次

Ⅰ．はじめに……………………………………………………………… 1
　1．処分の例があること…………………………………………… 1
　2．金融商品取引法166条2項1号の決定事実の中での株式分割の特殊性……………………………………………………………… 3
　3．本論文の問題…………………………………………………… 4
Ⅱ．問題の位置づけ……………………………………………………… 4
　1．インサイダー取引規制の重要事実の規制のあり方………… 4
　2．株式分割に係る法と経済学（法とファイナンス）………… 5
　3．会社法学における株式分割の理解の更新…………………… 7
Ⅲ．株式分割の理論的理解と実証分析………………………………… 7
　1．商法における一般的な理解…………………………………… 7
　2．ファイナンス研究の視点………………………………………10
Ⅳ．データ分析……………………………………………………………12
　1．株式分割の傾向…………………………………………………12
　2．株式併合の傾向…………………………………………………17
Ⅴ．インサイダー取引規制との関係……………………………………20
　1．株式分割の特徴と規制の合理性………………………………20
　2．株式併合とインサイダー事実の検討…………………………23

討　　議…………………………………………………………………25
報告者レジュメ…………………………………………………………46

金融商品取引法研究会出席者(令和7年2月27日)

報 告 者	飯 田 秀 総	東京大学大学院法学政治学研究科教授
会 長	神 作 裕 之	学習院大学法学部教授
委 員	大 崎 貞 和	野村総合研究所未来創発センター主席研究員
〃	尾 崎 悠 一	東京都立大学大学院法学政治学研究科教授
〃	加 藤 貴 仁	東京大学大学院法学政治学研究科教授
〃	河 村 賢 治	立教大学法学部教授
〃	小 出 篤	早稲田大学法学部教授
〃	齊 藤 真 紀	京都大学法学研究科教授
〃	武 井 一 浩	西村あさひ法律事務所パートナー弁護士
〃	松 尾 健 一	大阪大学大学院高等司法研究科教授
〃	萬 澤 陽 子	筑波大学ビジネスサイエンス系准教授
オブザーバー	齊 藤 将 彦	金融庁企画市場局市場課長
〃	坂 本 岳 士	野村證券法務部長
〃	大 門 健	大和証券グループ本社経営企画部法務課長
〃	安 藤 崇 明	みずほ証券法務部長
〃	窪 久 子	三菱UFJモルガン・スタンレー証券法務部長
〃	坪 倉 明 生	日本証券業協会自主規制企画部長
〃	塚 﨑 由 寛	日本取引所グループ総務部法務グループ課長
研 究 所	森 本 学	日本証券経済研究所理事長
〃	高 木 隆	日本証券経済研究所常務理事
〃 (幹事)	永 田 裕 貴	日本証券業協会規律本部規律審査部課長
〃 (幹事)	高 逸 薫	日本証券経済研究所研究員

(敬称略)

株式分割と資本市場
―なぜ株式分割はインサイダー取引規制における重要事実なのか―

○神作会長　それでは、定刻になりましたので、ただいまから金融商品取引法研究会第11回会合を始めさせていただきます。

本日は、事前にご案内しておりますとおり、東京大学の飯田秀総先生から、「株式分割と資本市場―なぜ株式分割はインサイダー取引規制における重要事実なのか―」というテーマでご報告をいただきます。その後、ご報告を巡って討議を行っていただければと考えております。

それでは、早速でございますけれども、飯田先生、ご報告をお願いいたします。

［東京大学大学院法学政治学研究科　飯田秀総教授の報告］

○飯田報告者　おはようございます。東京大学の飯田でございます。

「株式分割と資本市場」というタイトルで報告させていただきます。一言で言うと、株式分割は会社の価値それ自体には影響しないはずなのに、株価が動いたり、インサイダー取引規制の対象になっているということについて検討したいと思います。

Ⅰ．はじめに

1．処分の例があること

まず最初に、イントロダクションです。スライドの2ページは、「処分の例があること」ですが、株式分割の決定は、金融商品取引法の166条2項1号（ヘ）で、決定事実としてインサイダー取引規制の重要事実になっております。

株式分割に係るインサイダー取引に関しまして、刑事事件の有罪判決も出されたことがございます。著名だと思われるものとしては、東京地裁の平成

18年12月25日の事案です。これは上場会社が株式分割を行うことについて決定したことを、日本経済新聞社の広告局金融広告部員が、広告掲載内容を業務に関するコンピュータシステムの端末画面から知ったというものです。こういった形で実際に立件されて、刑事罰が科されたケースもございます。

　証券取引等監視委員会が出している告発事件の概要一覧表を見ますと、私が手元で数えた限りでは、8件の刑事罰が出ております。いずれも平成18年ごろから平成20年ごろの判決でして、その直前ごろに起訴されたわけですから、恐らく課徴金制度が始まる直前のころによく立件されていたのではないかと推察いたします。

　また、課徴金納付命令も出ておりまして、これも証券取引等監視委員会事務局が令和6年6月に出した『令和5年度金融商品取引法における課徴金事例集〜不公正取引編〜』の数字ですが、8件ございます。直近でいくと令和2年12月16日で、2020年12月に課徴金納付命令を出すことを決定したと金融庁から公表されております。このように、必ずしも数は多くないのですが、実際にエンフォースもされているということであります。

　比較法的にどうかということについて、全然網羅的ではなくて申しわけないのですけれども、アメリカのデータベースでキーワード検索した限りで見たところ、アメリカの判例で株式分割（Stock Split）というキーワードでインサイダー事実としたものはあるか、刑事事件になったものはあるかということですから、あまり載っていないのかもしれませんが、見当たらなかったということであります。逆に言うと、SECのほうで審決等で終わっているものについて、もしかしたら調べ漏れしているかもしれません。

　イギリスも一応ざっと見ましたら見当たりませんし、ほかのヨーロッパについては調査中というか、そもそも規定ぶりが違いますから、実際に運用されているかを見ないといけないので、調べようがないというか、断念しているところですが、いずれにしろアメリカなどであまり例はないのではないかと思います。

ただ、アメリカの例でいきますと、フェア・ディスクロージャー・ルールに関するリリースです。2ページのスライドで引用しているのは2000年の8月に出されたものですが、フェア・ディスクロージャー・ルールとの関係で重要事実に当たるかどうかを慎重に検討するべきリストです。網羅的でもこれ以外のものがないわけではないという例示の列挙にすぎませんけれども、その中では株式分割は重要事実に当たり得るということですから、理屈としてはアメリカでもインサイダー事実に当たり得るのではないかと思います。

2．金融商品取引法166条2項1号の決定事実の中での株式分割の特殊性

　3ページですが、金商法のルールとして、金商法166条2項1号の重要事実のことを、以下、決定事実と申します。この決定事実の事項の代表例が、合併とか業務上の提携などです。これは基本的に上場会社の「事業運営や財務状況を変化させるもの」ということです。かぎ括弧の中は、松井秀征先生が山下友信先生と神田秀樹先生編者の『金融商品取引法概説〔第2版〕』で書かれている表現ですが、会社の財務及び事業、それ自体のあり方を大きく動かすといった事実が、決定事実の典型ということになるわけです。しかし、決定事実の1つに位置づけられている株式分割は、株式数が割合的に増加するだけですから、事業運営や会社の財務状況を変化させるものではありません。ですから、決定事実における株式分割の位置づけはやや特殊なものと言えるのではないかと思います。

　そこで、4ページです。立法の理由として、株式分割がインサイダー事実として立法された理由については、横畠裕介さんの逐条解説によればですが、「株主において分割によって得た株式を売却することができるなど、株式の流通性が増大し、株価を上昇させる効果があることから、投資者の投資判断に影響を及ぼすべきもの」と考えられるからだということで、流通性が増大するので株価が上昇するという法則のようなものを根拠にしていたということであります。

また、株式分割がインサイダー取引規制の重要事実に当たらないとする軽微基準については、株式分割により1株に対し増加する株式の数の割合が0.1未満であるということです。これについても、その理由としては、この程度の分割割合であれば、投資者の投資判断に及ぼす影響は軽微だと説明されております。それから、実務的には1対10から10対11まで、1.1倍から10倍までといった分割がほとんどであって、軽微基準に該当する株式の分割は少ないものと思われるという説明もされておりました。

3．本論文の問題
　5ページは「本論文の問題」です。株式の流通量がふえることによって市場の流動性が高まります。市場の流動性が高まることで、企業価値が高まるというのか、株式価値が高まるというのか微妙ですけれども、そういうことを前提にしてインサイダー取引規制を設計することを所与に受け入れた場合には、次のような疑問があるように思います。

　つまり、少し裏側から申し上げますが、株式併合については株式分割の裏返しの行為ですから、株式の流動性を減少させる可能性があるわけです。しかし、インサイダー取引規制における重要事実としては位置づけられてはいないわけですが、それはなぜだろうか。株式分割を重要事実として位置づける一方で、株式併合を重要事実として位置づけないという論理に関して根拠があるとしたら、株式分割と株式併合とでは、株価への影響の仕方について表裏一体の関係にはないという前提が必要になるわけですが、それでは、両者はどういう関係にあると理解すべきだろうかということです。少し裏側から申しましたが、一言で言うと、株式分割の特徴は何なのかということを解明することをこの論文の目的としたいと思います。

Ⅱ．問題の位置づけ

1．インサイダー取引規制の重要事実の規制のあり方
　6ページは「問題の位置づけ」ですが、この問題については幾つかの異な

る文脈に位置づけることが可能かと思います。

　まず、①としては、「インサイダー取引規制の重要事実の規制のあり方」を検討するという普通の金商法研究のあり方としての位置づけです。つまり、比較法的に見て、金商法166条2項のように重要事実を具体的に列挙する例は珍しく、また、そうであるがゆえに立法論としてはより包括的な規定にするべきではないかといった論点について、さまざまな議論がなされてきているところです。

　例えば松井秀征先生が神作先生責任編集の資本市場研究会の2014年度版で、「インサイダー取引規制をめぐる今後の課題」というところでも議論されているのですが、松井先生は規制対象となる情報を包括的に規定することには若干慎重な立場をとられております。そのように、一例にすぎませんけれども、さまざまな先行研究でインサイダー事実の規定のあり方については関心を持って研究されてきた論点だと思っております。

　また、スライドの6ページは、神作先生のコンメンタールからの引用ですが、「本来は、重要事実とは、合理的な投資家の投資判断に影響を与える蓋然性が高い情報かどうかが基準となるべきである」。「重要事実については、罪刑法定主義の要請から、ある程度明確であることが要請されるが、内部者取引規制の目的に照らし、そもそも刑事罰を科して律すべき場合がどのような場合かを再吟味する必要があ（る）」というご指摘がされております。私の本日の論文の問題は、まさにこの文脈において重要事実として既に規定されているものの1つである株式分割について分析を加えることで、学界に貢献しようとするものであります。

2．株式分割に係る法と経済学（法とファイナンス）

　7ページは「問題の位置づけ②」です。この問題については「株式分割に係る法と経済学（法とファイナンス）」の研究の一例としての位置づけも可能かと思います。古くから株式分割については法学のみならず、経済学や会計学などで分野横断的に研究されてきております。株式分割の動機について

はさまざまなことが言われてきているということなので、その辺は省略いたしますけれども、例えば普通株主の機嫌をとるためだとかいって、株式分割を会社繁栄の徴表として歓迎し、市場相場が高騰することがあるとか、そういったようなことがかなり古い時期から指摘されておりました。1934年の増地庸治郎先生の『経営財務論＜会計学全集＞（第7巻）』がありますが、そこで既にこのようなことが言われていたわけであります。

　また、7ページで引用しております大蔵省理財局調査部1948年の調査月報の記事・論文では、株式分割のニュースが発表されると株価が上昇する傾向があるとする研究を紹介しておりました。紹介されている研究の内容は、ハーバード・ビジネス・レビュー誌に記載されていたものの翻訳かと思いますが、そういうものも当時、既に紹介されていたということであります。

　こういった研究の積み重ねが昭和63年証券取引法改正のインサイダー取引規制を導入する立法の際にどこまで参考にされていたかという経緯は必ずしも明らかではございませんけれども、当時の一般的な理解ないし常識として共有されていた可能性があるように思います。例えばインサイダー取引規制の導入後ですが、竹内昭夫先生が1992年の『商事法務』に「株式分割の促進と商法改正」という論文を書かれております。投資家向けのハンドブック『日経会社情報』では株式分割余力ランキングを掲げており、投資家としては分割余力の大きいほうが魅力的なんだという形で紹介されておりまして、こういった理解が一般常識だったのかもしれません。

　7ページの3つ目の黒ポツです。後で述べますが、ファイナンス研究の中には、株式分割による株価上昇にはバブルへの期待があるから上昇するという仮説も唱えられております。その他さまざまな行動ファイナンス系の論文も多数ありまして、そういった市場の非効率性ないしは投資家の非合理性を前提にした行動ファイナンスの知見との関係で、インサイダー取引規制をどのように設計するべきかという文脈においても、この論文の問題を位置づけることが可能かと思います。

　インサイダー取引規制は、例えばバブルで言えば、バブルのきっかけとな

る情報をも対象とするべきなのかと。つまり、ファンダメンタルズに必ずしも関係ないんだけれども、バブルの原因になるからインサイダー取引の規制の対象にするべきなのかという問いになりますが、そういった問いは、これまであまり検討されてきたことはないように思います。

3．会社法学における株式分割の理解の更新

8ページは「問題の位置づけ③」です。会社法学における株式分割の理解を更新できればということですが、そこまで大上段な結論にはならないということであります。従来、会社法学においては株式分割についてのすぐれた先行研究がたくさんあります。また、教科書、体系書などでも、株式分割には流動性を高める機能があることが説明されております。しかし、株式分割が市場株価に与える影響についてのロジックとか、近時の実態などを踏まえた議論は、あまりなされてこなかったように思いますから、このあたりの欠落を埋めることを目指したいということです。

Ⅲ．株式分割の理論的理解と実証分析

1．商法における一般的な理解

9ページは「商法における一般的な理解」です。少し中身に入っていきますが、株式分割についての理解としては、一般的に株式分割自体は会社財産に変動が生ずるわけではないということで一致していると思います。もちろん株式分割によって、1株に満たない端数が生ずる1.1倍とか、そういう分割比率でやればということですが、そういう少数が出る場合には、端数処理によって会社から現金が流出する可能性があります。また、端数処理が行われれば、株主の持ち株比率も、非常に微小なものですが、変化いたしますから、株式分割が株主の利害に全く影響しないわけではありません。

また、株価への影響についても、既に指摘があるとおりですが、分割割合どおりに株価が下落しないので、株主は実質的に利益を得ることが多いという指摘もされてきております。例えば江頭先生の『株式会社法』で行きます

と、引用したとおりですが、10株を11株に分割すれば、1株の実質的経済価値はもとの90.9％に下落するはずだが、上場会社株式のように、市場価格のある株式の場合、1株当たり当期純利益の額や配当金額等を従来どおり維持できる自信が経営者にはあって、会社はそれを行ったであろうと証券市場が理解し、1株の価格はさほど下落しないことが多いと説明されております。

　また、学説の中には、ほぼ同旨（同じ趣旨）を言うものですが、分割比率が低くて、そのために分割後も1株当たりの配当額が維持されると予想される場合という限定をかけて説明されているのが、鈴木竹雄先生と竹内昭夫先生の『会社法』です。こういう分割比率が低いときには株価が上昇しやすいという指摘もされてきたところであります。

　これらの指摘は、要するに小幅な割合、1.1倍とか1.2倍とかその程度の株式分割については、実質的に配当を増加するのと同じであって、配当の増額、1株当たり10円とかいうところは固定されているという前提で考えると、株式の数が、もともと1株持っていた人が1.1株になるということですから、配当も純粋に1.1倍になりますので、配当のシグナルになるということです。配当の増額は、将来の企業業績に対する経営者の自信のあらわれであるというシグナリング機能があると理解されていることを意味すると位置づけることが可能かと思います。

　これは投資家と経営者の間に情報の非対称性があって、本当はこの会社の先行きは非常に好調なのだけれども、その情報が信頼性のある形で投資家に直接的に十分に伝達できないというときに、コストのある何らかの行為をすることによって、将来性がある会社だけができる行為を株式分割という形で行い、将来性が高くない会社は配当を実質的にふやすことができませんからそういう株式分割はしないということになります。そういう形で、シグナリング機能として位置づけていると正面からは書かれておりませんけれども、理論的にはそのような趣旨の説明として理解することが可能です。

　また、このような理解が実務上もとられている可能性を裏づける研究もございます。サーベイ調査の結果として、株式分割を行った企業は、株式分割

を行わなかった企業よりも、株式分割が株式数の増加と実質増配のための有効な手段となると考える傾向がある。このように実質的な増配の機能として株式分割を行っているのだと認識している会社が一定数いるというサーベイ調査がございます。これは『現代ファイナンス』の21巻に載っている芹田先生と花枝先生の「わが国企業の株価認識と財務行動－サーベイ・データにもとづく実証分析－」というサーベイ調査があります。インタビューしたりしたものだと思いますが、そういうことで江頭先生や鈴木先生や竹内先生の教科書に書かれているような実質増配の手段として株式分割を位置づけるということは、実務家というか、会社自体もそのような意識でやっているところも一定数あるということかと思います。

仮にこのような株式分割のシグナリング機能による株価上昇の効果があるのが実態であって、またそれが当事者の意識でもあるということだといたしますと、先ほど紹介いたしましたインサイダー取引規制の対象として株式分割を位置づける理由として、主に流動性の向上による株価の上昇の情報であるという観点から説明されていたこととはやや違うというか、やや実態と違う立法理由だったということになるのではないかと思います。

他方で、その後の商法改正、特に2000年ごろの商法改正以降は、大幅な株式分割がひところブームのように行われるようになりました。そうなりますと、実質的な増配の目的というよりは、取引可能な最低金額を引き下げて、多くの個人投資家に株式の取引を促すことが目的となっていると指摘する見解もございます。

また後ほど16ページにてご紹介いたしますが、株式分割の分割比率は年によって大分違うということでございます。その当時の時代ごとにブームのようなものが違いまして、2000年ごろの話としては、「ワンコインで株を取引しないか、君も」みたいな人がいたと思いますけれども、そういう時代もあったり、実質的に増配のかわりに使うとか、いろいろな使われ方をしております。

最近、2015年以降の株式分割の分割比率は、後でもご紹介しますが、平

均値で見ても、中央値で見ても、２倍から３倍。つまり、１株を２株にするとか、１株を３倍にするというのが典型的なケースになってきております。そうしますと、流動性を高めるという観点で株式分割が実際に行われていることになりますから、時代が約30年、40年ぐらいたってから、当時の立法、インサイダー取引規制の対象とする立法理由として説明されていたことと現実が整合してきたということになるかもしれません。

２．ファイナンス研究の視点

　10ページは、ファイナンス研究ではどうなっているのかという話ですが、実証的に株式分割によって株価が上昇することを報告するものが多くございます。ただ、その理由ですが、株式分割によって株価が上昇するのはなぜなのかということについては、さまざまな仮説が提唱され、さまざまな検証が行われているところです。仮説も非常に多数あるのですが、ここでは３つだけ取り上げます。

　１つ目としては、「流動性仮説」です。これもいろいろな説明の仕方がありますが、例えば株式分割によって投資単位が低下することで、個人投資家が増加する。それによって、ノイズトレーダーということで、情報に基づかないで、ある意味、不合理に取引するタイプの人たちですが、そういうノイズトレーダーが増加する。ノイズトレーダーが増加すると、情報トレーダーにとっての収益機会が増加する。つまり、不合理な取引をしているノイズトレーダーの反対側の取引をすれば儲かるということですが、情報トレーダーにとっての収益機会が増加するから、市場での取引が活発になって流動性が向上する。流動性向上の結果として、資本コストが低下して、株価が向上するという仮説であります。この仮説についても賛否両論の実証研究が積み上がっているところです。

　２つ目として、11ページの「シグナリング仮説」です。これは冒頭で少し申し上げたとおりですが、株式分割は、前提として情報の非対称性があって、経営者と投資家の間には、伝わっていない情報が含まれているという前

提で考えるわけです。これが、株式分割がシグナリングとして機能するためには、株式分割にはそもそもコストがかかるという前提が必要になる。それは例えば株式分割によって株主数がふえれば、株主管理コストがかかると言われることがあります。そういうコストがかかりますから、全ての会社が自由に株式分割できるわけではなく、そのようなコストをかけてまで株式分割をするということは、株式分割の発表が将来の業績の改善という経営者だけが知っていて市場には知られていない情報、投資家が知らない情報を知らせるシグナルとして機能するので、株価を向上させるのだという仮説であります。これは会社法学で指摘されてきていることとも共通するところかと思います。

　ただ、シグナリング仮説が成立しているかどうかは、要するに、株式分割を行った会社は将来業績がよくなるという話になるので、これは検証の対象になっているわけです。実証的に検証した日本のもので恐らく一番最近のものが、スライド11で引用している石田先生と高橋先生の『証券アナリストジャーナル』61巻12号の論文です。それによると、株式分割の前後でのROAとROEの変化を検証しても株式分割を実施した企業が実施していない企業よりも統計的に有意な業績の改善をしているわけではなく、株式分割にはシグナルとしての価値はないという指摘をされております。

　また、スライドには引用しておりませんが、機関投資家へのサーベイ調査もございまして、機関投資家の意見としてはシグナリング仮説に否定的な考えが多かったという報告もございます。これは芹田先生ほかの「日本企業のペイアウト政策と株式分割」という『経営財務研究』31巻1号の2011年の論文ですが、そういったサーベイもあるようであります。ただ、シグナリング仮説のように、経済モデルの話について、実際の当事者にそれを感じますかと聞いても特段意味がないので、必ずしも理屈を否定するものにはならないわけです。しかし、他方で、機関投資家はある程度こういうことを理解するのだとすれば、サーベイ調査も一定の意味があるのではないかと思います。

　3つ目として、12ページの「取引制約仮説」です。これは日本特殊かど

うかわからないのですが、日本ではかなり特定の時期に行われた出来事を捉えたものです。株式分割バブル期において制度上の需給のゆがみがあったということを使うものであります。つまり、株式分割の基準日から効力発生日までの約50日間は旧株式しか取引ができず、需給バランスがゆがんでいて品薄状態が続く制度だったということです。

ただ、2006年1月4日からは基準日の翌日を効力発生日として定めるものとされて、基準日の翌日から旧株式と新株式の両方が取引可能になりましたから、制度上の需給バランスのゆがみは解消されたということです。このあたりの説明は横山さんの大和総研制度調査部長報を引用したいと思っております。少し脇道の話ですが、そういうことで、一定の時期に特殊の出来事ですけれども、こういう品薄状態を突いてバブルが発生したわけです。このことを指摘したのがRobin Greenwood先生の『The Review of Financial Studies』の2009年の論文です。この当時、制度上のゆがみに基づいて株価が上昇する分割バブル効果が生じていたという研究がございます。

バブルだけではなくて、それに加えて当時株価が上昇した要因としては、バブルに対する期待も含まれていたということで、さらにバブルが起こるのではないかという期待によって、さらに株価が上がっていく。それ自体もバブルかもしれませんが、それは顔菊馨先生と小幡先生と太宰先生の『慶應経営論集』38巻1号2022年の論文でそういった指摘もされております。

このようにさまざまな仮説がございますし、それぞれの仮説が相互に排他的というわけではなくて、シグナリング仮説と流動性仮説は両立できるのですけれども、いずれにしろ株価が上昇するような出来事であることは一定程度コンセンサスがあって、その原因については必ずしも明らかではないというか、諸説ありという状況にあるのではないかと思っております。

Ⅳ．データ分析

1．株式分割の傾向

13ページからはデータの分析ということで、実際どうなっているのかを

少し見ていきたいと思います。このデータベースの出典は株式会社金融デー
タソリューションズの「個別銘柄ファイナンス情報」をグラフ化したものです。これは上場会社における株式分割の件数を示しております。ごらんいただければわかるとおり、でこぼこがかなりあります。それを少し掘り下げて確認しておきたいということです。

　まず、最近では、2008年のあたりが一番少ないことがわかると思います。これは実は37件です。逆に2013年がピークになっており、そこが突出して多いのですが、446件ございます。

　こういった多い・少ないの背景については、14ページで引用しているとおり、売買単位の統一の取り組みによるものが大きいだろうと理解しております。つまり、取引所では2007年11月から売買単位を100株に統一するための取り組みが進められてきております。

　ご存じのとおりですが、「第一段階」として、新規上場会社が新規公開する場合と、上場会社が単元株式の設定・変更を行う場合には、最終目標の100株にすることが当初から求められておりました。次に、「中断期間」として、株券電子化前後の期間、つまり、2008年12月から2009年1月です。このときは売買単位の集約を中断して、そのためのコーポレートアクションであっても控えるよう協力要請されていたということですから、先ほどの2008年ごろが少ないというのはそういった背景だと思われます。「第二段階」として、100株と1000株の2種類に集約するための移行期間が設けられて、上場会社に協力が要請されておりました。これが2014年の4月までです。「第三段階」として、100株に統一するための移行期間が設けられて、引き続き上場会社に2018年10月1日まで協力が要請されました。この結果としては、東京証券取引所では、当初は8種類存在した売買単位が、2014年までに100株と1000株の2種類に集約され、2018年10月1日に100株に統一されたわけです。

　東京証券取引所の上場会社では、先ほどピークと申し上げた2013年には、売買単位の変更、つまり、単元株の設定の変更が348社で行われておりまし

た。そのときに、348 社のうち 279 件で株式分割が同時に行われており、ま
た逆方向の 14 件で株式併合も行われていたということです。このように取
引所において売買単位の統一がなされるに至るまでは、単元株式数の変更と
株式分割とが同時に行われるなどしてきております。このことは上場会社に
おける株式分割割合が、売買単位の統一の取り組みがされていた 2009 年こ
ろから 2014 年ころにかけて、大きな割合の事案が多かったというのが 16 ペー
ジの表からもわかります。

　表の読み方を少しご説明いたしますと、「year」と書いてあるのは株式分
割の効力発生日の年です。「Mean」は株式分割割合の平均です。1 株を 2 株
にすると 2 倍、1 株を 100 株にすると 100 倍という数字です。「p50」は株
式分割割合の中央値です。「SD」は標準偏差で、次に「Min」と「Max」、
最小値と最大値があり、「N」は件数です。

　表をごらんいただければ一目瞭然ですが、2000 年までは 1.1 倍ぐらいで行
うのが平均的な姿だったわけですけれども、そこから先、特に 2009 年あた
りは、100 倍前後で行われることが多くなりました。したがって、このあた
りは売買単位の統一のために株式分割を使っているのが見てとれるので、実
証研究など先行研究ではこのあたりをサンプルに含んでいるものが多いので
すけれども、やや異質なものを含んでしまっているのではないかということ
を指摘したくて、こういうことを申し上げております。

　スライドの 17 ページは最近の例ですが、最近も 1.1 倍程度の株式分割を
するというケースがございました。その場合は、古くから言われていた実質
増配の機能を狙っているという説明がございましたが、まさに会社みずから
がそのことをアピールしているケースもございます。17 ページにある会社
は、1 株当たりの配当金 20 円は維持するので、1.1 倍の株式分割によって実
質増配になりますよということを公表しているケースです。

　18 ページですが、今度は 2 倍の株式分割をする会社のケースです。こう
いうケースですと、配当は従来の半分にすることを予定しておりますから、
実質配当としては全く機能しません。最近ではこういうタイプの会社のほう

が多いのではないかと思いますが、このように株式分割の比率が低い、1.1倍とか1.2倍とか、その辺ですと、実質増配のために株式分割を使っているケースが多いと思います。また、２倍とか３倍とかのケースになると、それ以外の理由で、端的に言うと、一般の個人投資家が取引しようと思うときに、最低売買単位の価格が高過ぎるとなかなか買えないので、買いやすくするために株式分割を行います。そういった趣旨の説明をされることが多いように思っております。

　19ページは、先ほど少し削除したものですが、2013年に売買単位の変更と同時に行われた株式分割というケースです。このように、一言で言うと、株式分割を行っても、売買単位の最低額、単元株の設定が同時に行われますと、先ほど流動性仮説と申し上げた一般投資家が取引しやすいか、しにくいかという観点から見ますと、単に株式分割だけを見ていてもわからないわけでありまして、最低金額が実質的に引き下がったかどうかは、同時に行われた単元株制度の設定についても見なければいけないわけです。

　少し説明させていただきますと、例えば19ページの①ですが、実質的に売買単位の取引必要額が引き下げられるケースももちろんございます。つまり、分割割合が１株を500株にする株式分割を行うと同時に、単元株を１株から100株に設定するというケースですと、必要な最低金額が５分の１に下がったことになります。

　②は逆パターンで、株式分割を行っているわけですけれども、むしろ売買単位の最低取引必要額は引き上がったというケースもあるわけです。１株を10株にする株式分割を行うと同時に、売買単位を１株から100株に変更すればそういうことになるかと思います。

　③は何も変わらないというタイプです。１株を100株にする株式分割を行うと同時に、単元株を１株から100株に設定しますと、売買単位の取引必要額は変わらないのではないかと思います。

　このように多様なものが含まれますから、このころに行われていた株式分割のデータを注意深く、こういうものを取り除くなどしないと、やや違った

検討をしてしまうことになります。

　20ページは、そういうのを取り除いたもので見るとどうかという話です。実質的に売買単位の取引必要額、最低金額が、結局前後で変わらない。つまり、株式分割と単元株の設定でプラスマイナスゼロになるというタイプのものです。そういう出来事になったときには、基本的に株価への影響はないはずだというのが、これまでの仮説から出てくるであろうメッセージになるかもしれないということで、これは流動性仮説をとったらということですけれども、そういうことを考えていったわけであります。

　つまり、流動性が向上するために株式分割が行われて、それによって株価が上昇するという議論からすると、売買単位に必要な金額は変わらないとすれば、個人投資家、ノイズトレーダーがたくさん入ってくるということにはならない。個人投資家にとっての取引のしやすさは全く変わらないという前提からすると、市場流動性の向上は生じないので、株式分割のニュースの公表がされても、市場価格は変動しないはずだということであります。21ページのとおりになるかと思います。

　では、こういうときにシグナリング仮説が成り立つのかということです。売買単位の統一のための取り組みで株式分割を行っているわけですから、将来うちの会社の業績が高いとか先行きが明るいといったようなメッセージ性があるとは考えにくいので、あまり株価変動への影響を与えることにはならないだろうということです。

　また、取引制約仮説についても、2013年以降のころは、先ほど紹介したとおりの制度の不備というか、需給のギャップみたいなものが生じないように制度改善されて以降は、そういったバブルの原因にはなりにくいはずです。取引制約仮説というバブルが発生するんだという立場から見ても、株価は動かないんだということを予測して、統計的にそれを検証することはほぼ不可能ですが、有意な影響があれば、それが反証されるということですけれども、そういう有意な影響は見つからないということです。これは21ページですが、細かいことは省略いたします。このときに、株式分割が行われると同時

に、売買単位の変更が同時に行われるものに限定してリターン等を調べてみ
ても、プラスマイナスについて特段有意な影響は見当たらなかったという話
でございます。

　その裏返しのような話ですが、そういった売買単位の変更と同時に行われ
て、実質的に流動性に影響を与えないだろうと思われるようなものを除いた
サンプルに限定するとどうだろうかというのが 22 ページでありまして、こ
こからがある意味で本論になります。

　これは 2018 年 10 月 1 日以降を効力発生日として行われた株式分割につい
てです。売買単位当たりの取引に一番必要な最低単位の金額は、絶対額が小
さくなる効果があるものに限定したサンプルですが、全体で 908 件あります。
そこから外れ値を除外した 899 件を対象にまとめたのがこの表ないしグラフ
でございます。

　その結果としては、株式分割の公表日に統計的に有意なプラスのリターン
が発生するという傾向を観察できます。例えば公表日前後 7 日間のリターン
で見ると、平均値で 6.9％、中央値で 4.8％です。また、市場調整リターンと
書いているのは、同じときに TOPIX のリターンの動きがありますから、そ
れを差し引いたもので見た場合ですが、それでも平均値、中央値ともに有意
にプラスということだったと思います。そういうわけで、おおむね理屈どお
りというか、予想どおりということですが、これが現状であるというか、実
態であるということではないかと思います。

２．株式併合の傾向

　裏返しということで 23 ページですが、株式併合について比較のために見
ておきますと、この表からも明らかなとおり、件数は圧倒的に少ないわけで
す。キャッシュアウトのための株式併合は除いていますが、上場会社におけ
る株式併合は少なくて年に 10 件未満であることが大半であります。ただ、
2016 年は 143 件あって、2017 年は 449 件、2018 年は 173 件の株式併合が行
われております。ここだけ異常に目立っているわけですが、これは先ほどの

株式分割と同じで、売買単位の統一に向けての取り組みとして行われているのが大半だと理解しております。

24 ページはまさにそういうものが多いですよということを言いたいだけの表ですが、株式併合が最も行われた 2017 年に注目しますと、449 件の株式併合のうち、売買単位の統一の一環として行われた株式併合は 425 件あるということです。これらの事例の全てが売買単位を 1000 株から 100 株に変更しています。実質的に見て、最低売買単位数を取引するのに必要な金額が変わったものと変わらないものがあるということです。10 分の 1 にしたものは変わらないというパターンですが、5 分の 1 と 2 分の 1 にしたものは変わりました。いずれにしろ、こういうものが含まれているので、この当時のものは、売買単位の変更と同時に行うものは、純粋な株式分割の裏返しの話とは少し違うことをやっています。

25 ページに紹介しているのが典型的な株式併合の理由の例だと思っております。少し引用させていただくと、この会社の株価水準は、全国証券取引所が望ましいとしている投資単位の水準の 1 単元当たり 50 万円未満ではあるものの、株価が相対的に低いことから、投機対象として株価の大きな変動を招きやすい状況となっているということで、株式併合することで、より適切なプライシングがされるように期待して行う。そういった趣旨のリリースが出るのが最近の典型例ではないかと思っております。

26 ページにあるとおり、取引所において好ましいとされている投資単位の金額がございます。取引所が出している望ましいと言われるレンジに、何割かは計算していませんが、最近ではほとんどの会社が含まれるようになっています。それを上回るような会社とか、若干下回っているものもあるかもしれません。株式分割ないし併合をすることで好ましいとされているレンジに入ろうとする。そういった動機で株式併合を行うケースが一定数あるということかと思います。

そうだとしますと、株式併合すると取引しやすくなるとか、より好ましいプライシングがされていくことになるので、株価への影響があるのかどうか

ということが議論の対象になってくるわけです。27ページに紹介しており
ますとおり、何もお化粧もせずにそのままコピペして申しわけないのですが、
平均値でいくとマイナス2.7％とか、市場調整リターンだとマイナス2.4％で、
株式併合が発表されると株価が下がる傾向にあるということです。ただ、件
数も少ないので、統計的な信頼性がどこまであるかというのはありますが、
符号順位検定では有意にマイナスであるということでございます。

　もしかしたら、28ページのほうがよりわかりやすいかもしれません。「正」
と「負」と書いてあるところですが、プラスのリターンが出るのが40件で、
マイナスのリターンが出るのが76件という意味ですから、株式併合が発表
されると、株価が下がるケースが多いことは、この件数だけからも明らかで
はあります。

　このように株式併合によって株価が下がることは、少なくともさっきの流
動性仮説からいけば当然のことである。つまり、1単位当たりの必要な取引
最低金額が上がってしまうので、それだけノイズトレーダーが参入しにくく
なるため、その分、流動性が下がる。だから、株価が下がるというのが1つ
のパターンだと思います。

　あと、株式併合についても、これまたファイナンスの分野ではさまざまな
研究があって、アメリカなどでのケースでも多く研究されております。よく
言われることは、もう一つは、株価が下がって、アメリカはアメリカでまた
上場維持基準との関係で、1ドルを下回ると困るということも別途あるので
すが、それを別にすると、業績が落ちているから株価が下がっている。また
今後回復する見込みがないから、株式併合することによって、何とか1ドル
以上の株価にしようとしているのではないか。そういう負の将来性の見通し
についてのメッセージが伝わっているのではないかといった議論もされてお
りますし、実際アメリカのケースだと、株式併合した後に倒産等に至るケー
スが多いことも言われておりますので、そういったメッセージが伝わってい
るのではないかといった指摘もされているところです。

Ｖ．インサイダー取引規制との関係

　以上見たようなことが恐らく実態というか、データ的な客観的現状であります。これを踏まえて、冒頭申し上げたインサイダー取引規制との関係を考えてみようということで、ここは本当に生煮えの議論で恐縮ですけれども、残り８分ほど報告させていただきます。

１．株式分割の特徴と規制の合理性

　まず、株式分割についてですが、株式分割は一般的な傾向としては株価を上昇させる情報であると言ってよいと思います。もちろんケース・バイ・ケースでありまして、株式分割のニュースが公表されたときに株価が下落することはあるわけですけれども、平均的な傾向としては、株価は上昇するということが言えると思います。

　その理由については、例えば先ほど紹介したファイナンスの研究成果に基づけば、流動性の向上とか、シグナリング仮説、さらにはバブルなど、さまざまな仮説があり得るところですし、それらが同時に成り立っているかもしれません。インサイダー取引規制の設計との関係で、それらを特定する必要性は必ずしもないということにもなりそうです。株式分割の特徴は、これらの機能を果たす点にあるのではないかということであります。

　ただ、１点、先ほどから何度も申し上げていますが、もしバブルの理由だけで株価が上がるのだということだとすると、やや悩ましく思われます。つまり、インサイダー取引規制の設計との関係で、不合理に株価が上昇するきっかけとなる出来事だから、インサイダー取引規制の対象にする必要があるのかということについては、全然知見がありませんし、報告するときにも悩ましいのですが、あまりバブルの理由になるというだけでインサイダー取引規制の必要性まではないのではないかという直感的な印象を持っているので、こういうことを申し上げているわけですが、やや疑問が出てくるのではないかということであります。

しかも、バブルが発生するかどうかというのは理論的に予測が困難であることを考えますと、株式分割がバブル発生の契機となる可能性があるというだけの理由でインサイダー取引規制の対象とすることには疑問があると思います。

　ただ、他方で、ファイナンスの研究成果や実証研究などを見る限りは、流動性の向上とか、シグナリング仮説というのは、一定程度成立している場面もあるであろう。シグナリングが成立してないという研究も紹介しましたけれども、少なくとも流動性の向上はある程度信憑性を持って言えそうなところはあるのではないかという感触を持っております。流動性の向上についても、肯定する実証研究と否定する実証研究とかがあったりするので、何とも言いにくいのですが、恐らく株価が上がっているケースはそういうことが期待されている。

　そうすると、投資家がそういう流動性が向上すると期待しているから株価が上がったのだというバブルの話にまた戻ってきてしまうのです。このあたりは非常に微妙な関係にありますが、それらの区分けもなかなか難しいですし、区分けもしませんけれども、そういった状況になるのではないかということであります。

　いずれにしましても、純理屈的に考えても、流動性の向上とか、あるいは場合によってはシグナリング仮説などが成り立っていることがあり得るというのであれば、そういうことについて、これから株価が上がるであろう株式分割を行うことについての決定がされたという未公表の情報を知っている者と知らない者との間で、情報の不平等などがあるわけですから、情報の不平等に基づいて一部の者だけが利益を得られるというのでは、市場に対する投資者の信頼を損なうことはもちろんあり得ます。だから、特段、現行法に不満があるわけでも何でもないのですが、インサイダー取引規制の対象にするというのは十分合理性があるのではないかと思っております。

　ただ、先ほどから申し上げているとおり、昭和63年の立法当時から、株式分割に係る法制度や取引慣行については時代ごとに変遷がございますか

ら、株価を上昇させる要因となるメカニズムが異なっていた可能性は高いの
だろうと思います。つまり、株式分割の促進のための会社法上の制度改正が
された平成４年までは、そもそも株式分割は今日ほど使いやすい制度ではな
かったはずであります。また、そのころまでは 1.1 倍程度の分割比率とされ
ることが多くて、実質的に増配のシグナリングとして機能していた可能性が
高いわけであります。これは配当についてもインサイダー事実になっている
ことと平仄がとれます。そういう観点からも当時のものは理解可能というか、
正当化が可能かと思います。

　つまり、経営者と一般投資家との間に情報の非対称性があるからこそ、シ
グナリングが機能するわけです。会社の業績の将来が好調であるという経営
者の見立てについて、経営者と一般投資家との間に情報の非対称性があって、
株式分割はそのシグナルを発しているにすぎないわけであります。ですから、
本来であれば、将来の見通し自体がインサイダー事実であるという気もいた
しますけれども、そこではなくて、その表面的なところというか、別の情報
である株式分割ないしは増配というところを捉えて、インサイダーの規制を
かけていたということでありまして、これ自体は一定の合理性があったと言
えると思います。

　その後の時代ですが、特に株式分割バブルと言われていた 2006 年ころま
では、制度上のゆがみに基づくバブルなどを惹起していたと思われるわけで
す。したがって、実質的にはバブル防止機能というか、バブルを使ってイン
サイダーが儲けるのを防止するような機能を果たしていたのが、当時のイン
サイダー取引規制ということが言えそうであります。

　その後は、2018 年ころまでは、売買単位の統一のための株式分割が数と
しては主流になりますので、そのころは、恐らく単元株の設定と同時に行わ
れることが多くて、株式分割によって株価が上がるという傾向があるわけで
は全くありませんでした。株式分割を使ったインサイダーは、できなかった
のか、やらなかったのか、あるいは検挙されなかったのかよくわかりません
が、冒頭で紹介した刑事罰とか課徴金も、こういう売買単位の統一のころの

事件はあまり検挙もされていないように思いますし、それが妥当だと思います。

その後、今日においては、理由はよくわかりませんというか、流動性の向上などが1つの魅力的な仮説ですが、株価上昇の原因になっているということで、これは今後もインサイダー事実としていいのではないかと思われるところでございます。

2．株式併合とインサイダー事実の検討

最後に、30ページです。裏返しとして株式併合についてです。株式併合のうち上場廃止の一環のものを除くことについては、株価を下落させる情報である可能性が高い。少なくとも株式分割の裏返しとして行われるときはその可能性が高いと思います。これは株式分割が流動性を向上させるから株価を上昇させる情報だということとちょうど裏表の関係に立つわけであります。そうだとすれば、株式併合についてもインサイダー事実とすることが論理的な選択肢の1つとなるように思います。

また、株式併合については、先ほどから申し上げているとおり、近時は上場廃止のために行われる企業買収の取引の一環でのいわゆるキャッシュアウトの手段として利用されるケースが多くございます。1段階目に公開買付を行って、2段階目に株式併合を行うという典型的な事例の場合には、株式併合だけに注目してもあまり意味はありません。公開買付の情報こそが株価に大きな影響を与えるわけです。

また、公開買付価格と同額で、株式併合でキャッシュアウトするというのがほぼ定着した実務でありますから、その観点から見ても、株式併合それ自体に株価に影響を与える力があるとは言えないとは思います。また、キャッシュアウトのために行われる株式併合は、それまでの株価に買収プレミアムを上乗せした条件で行われることが多いですから、むしろ株価を上昇させる方向の情報ということになります。

理屈としては、公開買付を前置しないで株式併合でキャッシュアウトする

ことも可能なわけですから、そこだけ取り上げることも意味があるのではないかということではあります。ただ、こういうことを申し上げると直ちに出てくるのは、流動性の関係で言うと、株価下落方向に働くのは株式併合であり、他方でキャッシュアウトで使われると、株価引き上げ方向で機能するということなので、両方向に働く可能性のある事象ということになります。そういったものをインサイダー取引規制の対象にするのが妥当なのかといった疑問があり得るかと思います。

　ただ、合併等については、インサイダー取引の決定事実になっていますが、企業価値を上げる合併もあれば、企業価値を下げる合併もあるわけですから、株価を上げる方向の事実なのか、下げる方向の事実なのかというのはケース・バイ・ケースであります。そうだとすると、株価を増加するか低下するか、その方向性が類型的にどちらもあり得るという理由だけでは、株式併合をインサイダー事実としないことの理由の説明にはならないと思います。

　また、株式分割と比較すると、株式分割は取締役会の判断で実行できますが、株式併合は株主総会決議が必要だという違いももちろん会社法上ございます。しかし、これもインサイダー事実の設計において両者に差を設ける理由にはならないと思います。なぜかと言えば、合併も株主総会決議が必要だからであります。

　また、株式併合は、合併と異なります。つまり、合併の場合、合併契約を締結していることを前提に、それを株主総会で承認するという構図ですから、取締役会の賛成がないと、そもそも合併はできないわけです。しかし、株式併合については、株主が株主提案で株式併合の議案を株主総会に上程して、これが可決されれば実現可能であります。また実際にそういうケースもあると理解しております。合併と株式併合には違いがあるわけですが、取締役会の賛成がなくても株主総会決議だけで実行できるという理由だけでは、株式併合をインサイダー事実の対象にしない理由としても不十分ではないかと思われます。つまり、取締役会の賛成がなくても、株主総会で株主提案等で上程して可決されれば、増配等が実行できるわけでありますから、配当につい

24

ても、インサイダー事実とされていることを踏まえれば、特段の障害でもないということであります。そうすると、株式分割と併合とは、いずれもインサイダー事実として取り扱ったほうが、特に流動性への影響という観点から考えたときには、論理的に一貫するように思われますので、そうしたほうがいいのではないかというのが差し当たりの結論でございます。

　少し超過してしまいましたが、私からは以上です。よろしくお願いいたします。

［討議］

○**神作会長**　飯田先生、実証研究を伴う大変貴重なご報告をありがとうございました。

　それでは、ただいまのご報告に関連して、ご自由にご質問やご意見を出していただければと思います。どなたからでも、またどの点についてからでも結構ですので、ご発言を希望の方、ぜひお知らせいただければと思います。いかがでしょうか。

○**加藤委員**　飯田先生、ご報告ありがとうございます。2点ほどコメントさせていただきます。

　1点目は、4ページで、インサイダー取引規制の立案担当者の解説が引用されております。この解説で述べられている立場は、ご説明いただいた流動性仮説とかシグナリング仮説とか、そういったものから説明できる立場なのかどうか。その上で、本日のご報告で改めて株式分割の機能が非常に変遷しているというご指摘は非常に説得的でしたが、それを踏まえて、例えば軽微基準を見直していく必要があるかどうかについて、飯田先生のお考えを伺えたら幸いです。

　もう一点は単なるコメントです。証券取引所の適時開示はインサイダー取引規制の事前抑止を目的として導入されたと理解しておりますが、株式併合は適時開示の対象になっています。そのため、株式併合は、適時開示とインサイダー取引規制の対象のずれの1つのあらわれであると思いました。この

ような観点からも研究を進めていくことも考えられるかもしれません。

○飯田報告者　まず、ご質問の点ですが、立案担当者は、基本的には流動性を向上させる出来事だという理解をされて説明されていると思います。そういう意味ではファイナンスの研究とかと整合的な説明をされているのではないかと思います。ただ、この文献では、何か引用されているわけではないので、先ほどもご紹介したような当時の株式分割余力ランキングみたいなものがあるような実態を踏まえてのことにすぎないのかもしれません。

　それから、引用した「株主において分割によって得た株式を売却することができるなど」から出発していますので、これは必ずしも先ほど申し上げたような意味での流動性が向上するという話とは違って、株券が純粋にふえるということだけを意味しているようにも読めます。もしそうだとすると、むしろ株券の売却ができるから株価が下がるという話にもなりそうです。また、実際に会社法の教科書とかを読んでいると、株式分割がされると市場に出る流通量がふえるから株価は下がるのではないかみたいなことに触れる見解もないわけではありません。そういう話のようにも読めるので、ここの真意は必ずしもよくわからないわけです。でも、恐らく株価は上がるものだという前提で書かれていますから、恐らく流動性が上昇するということを言いたい文章なのではないかと思います。

　それから、軽微基準は確かにそうなんですよねという以上のことはないのですが、むしろ軽微基準が必要なのかというのも逆に問題があります。例えば、1株を0.05倍にする場合、実質的には配当を1.05倍にふやしているわけなので、配当のほうの軽微基準との整合性はあるかもしれませんが、それだけ配当をふやすというメッセージではある。そうだとすると、むしろ軽微基準をつくってはいけないというか、もう少し狭めてもいいのかもしれないなというのがインプリケーションですが、他方で逆に言うと、それについてはさらに増配等をするときの影響がどうなのか。10％以上増配するときには株価が上がる可能性が高いような気がしますが、5〜6％とか、その辺の実質増配等でも将来へのメッセージとして株価が上がるのかというのは、なお

調査が必要かと思います。

　16ページで紹介したように、確かに1.1倍を超える株式分割が大半なので、軽微基準があろうがなかろうが影響はないのですが、時々、2020年とかは1.05というのがミニマムのところに登場しています。そういうことを考えると、特に最近は、多くのケースは取引しやすくすることで流動性を高めるという目的の分割が多いわけですが、なお実質配当として、増配として使っているケースもあるので、そこら辺はさらなる検証が必要だと思いました。この論文なのか次の論文なのかわかりませんが、なお検討してみたいと思いました。

　適時開示との関係は、おっしゃるとおりであると思っています。そこも含めて論文にする際には指摘したいと思います。

○**大崎委員**　大変興味深いご報告ありがとうございました。

　1点確認ですが、最後のところで「株式併合をインサイダー事実とする立法論もあり得る」というご見解かとうかがいましたが、現在でも、そもそも株式併合はバスケット条項によってカバーされているという理解は間違っているのかどうか、そこについて教えていただきたいと思います。

　また、軽微基準については、株式分割と併合が対照的な行為だとすると、やはり必要ないという理解で問題ないのではないかという気がするのですが、その辺はいかがでしょう。

○**飯田報告者**　バスケット条項で読めるならいいのですが、若干気になったのが、「運営、業務又は財産に関する重要な事実であつて」という限定のような文言が入っていることです。投資家に重大な影響を及ぼすとか、社内に影響を及ぼすというところは当然含まれてしかるべきですが、株式併合それ自体も本当に軽微なものでやるとすると、会社の財務とか業務には何も影響がない、文字どおり株式の数がふえる、減るというだけです。そうすると、本当にバスケット条項に当たるのだろうかというのが若干気になりました。

　しかし、さっきも申し上げたとおり、特に株式併合のほうはほぼ確実にと言っていいと思いますが、99％ぐらいの確率で端数処理が出るような株式併合になると思いますので、微小ながらも端数処理がされるので、財務状況に

影響が全くないわけではない。ただ、会社から現金が流出していくこと自体は文字どおり軽微なものなので、バスケット条項でそれを捉えて重要だと言っていいとは思えない。やはり株価に影響を与えること自体を捉える必要がある。会社の経営状態とか、会社の財産状態とかについて、ほぼ何も影響のないものをバスケット条項で読めるのかということに確証が持てず、もしよかったら後でご知見を伺えればと思います。そのようにちゅうちょしたので、それもあって株式併合については、せっかく株式分割というものが決定事実に列挙されているのであれば、株式併合も入れておくのが、少なくとも立法論、明確性の観点からは妥当ではないかと考えております。

　軽微基準については、株式併合についても理屈の上ではという話ですが、例えば100株を99株にするとか、そういうのは除外するというのがあってもしかるべきなのかもしれないと思います。実際には行われていないから気にしなくていいという話ですが、つくるのだとすると、そういった形で軽微基準はつくれるのではないかと思います。

○河村委員　大変勉強になりました。私から、大きく2点ほど質問させていただければと思います。

　1点目、軽微基準のところに戻るのですが、先生の資料だと20ページ、21ページのあたりで、実質的に売買単位の取引必要額が不変更の株式分割については、ロジックから考えても、実態から考えても、株価に有意な影響は観察されずということで、今さら感はあるかもしれませんが、本来はこうした株式分割については軽微基準の対象になるというか、インサイダー取引規制の対象からは外すべきであるということになるのかなと思いました。

　これは念のための確認の質問ですが、これに関連して何かインサイダー取引だということで摘発されてしまった事案のうち、先生のお考えからすると、本来であればそれはインサイダー取引として摘発されるべきではない、そんな事案があったかどうかということについて、少し確認させていただければという質問です。これがまず1点目ですが、この点はいかがでしょうか。

○飯田報告者　基本的にはおっしゃるとおりで、まず先に、実際にそういう

処分例があるかということですが、少なくとも刑事罰は明らかにかかっていません。2008年以降はそもそも立件の事実がないようなので、株式分割を理由にした刑事罰はエンフォースされていません。課徴金についても、私が見た記憶がある数件については売買単位の変更とは無関係のものだったと記憶しておりますが、全部で8件あることにきのう気がつきました。網羅的には調べておりません。

　当罰性がないということはおっしゃるとおりで、そういうときにどういう解釈ないし立法ができるかということが1つ問題だと思っております。軽微基準で対応することも立法論としてはあり得ると思いますが、他方で、株式分割という1つの出来事について、株式分割以外に同時に行われる行為を理由に軽微基準をつくれるのかというあたりがやや問題で、166条の条文の構造からいってもやや難しいのかなという気がしておりますから、軽微基準で対応しようとするならば、法律本体も文言を改正して、同時にそれを打ち消すような行為が行われているものとして「内閣府令で定める場合を除く」とか、そんな文言を入れないといけないのではないかと思います。

　解釈としては、こういう解釈ができるのか、ちょっと自信がありませんが、株式分割それ自体を捉えると、文字どおり未公表の重要事実には条文上当たるけれども、同時に、ちょうど裏返しの売買単位の変更が行われているとすると、この規制の趣旨から見て、こんなものは規制する必要がないということで、可罰的違法性がないと解釈すればいいのかなと思っています。課徴金納付命令を出せない理由があるかと言われると、そういう場面において課徴金納付命令を出すことは比例原則に反する。つまり、過剰な、過酷過ぎる行政処分であるということで、そういうことをやってはいけないし、実際、金融庁もやっていないということでいいのではないか。

　差し当たり、この点については、立法する必要性まではないというか、立法するのはかなり難しいかなという感触もありますので、何とか解釈を考えておく必要があるのではないかと考えております。

○河村委員　本当におっしゃるとおりだなと思って聞いておりました。さま

ざまな組み合わせを考えながら軽微基準を文言で設計していくのは相当難しいだろうとお話を聞きながら思っておりました。

それからもう一点、先生のレジュメでは5ページ、それから、先ほどお話の中にも出てきた包括的な条文との関係にもつながってきますが、一番最初のところで「企業価値が高まることを前提にして」とお書きになっておられて、条文上の包括規定でも「当該上場会社等の運営、業務又は財産に関する重要な事実であつて」という縛りがかかってきています。それから考えると、企業価値に引きつけて考えるのは理解はできるのですが、ただ、そもそものあり方として本当に全てを企業価値とかに絡めてインサイダー取引を設計しなければいけないのかというところに実は先生の問題意識があるのかなという気もしております。

例えば、欧州の規制とかであれば、発行者に関連する情報だけでなく、発行者または金融商品に関連する情報という形で、たしか内部情報は定義されていたと思います。そのあたりを含めて、本当に企業価値あるいは包括規定における上場会社の運営、業務または財産に関する縛りが本当に必要なのかどうかというところについて、先生のご感触というか、ご意見やお考えを伺えればと思いましたが、いかがでしょうか。

○飯田報告者 ご指摘のとおりでありまして、既に株式分割については企業価値そのものにあまり影響を与えないものが取り込まれている割には、4号では、限定されていないのかもしれませんが、さも限定されているかのような文言が使われているので、そこが、少なくとも条文内在的には論理一貫していないのではないかと問題意識を持っております。

どこまで広げるかとか、どういう文言がいいかはなお検討の余地があるにせよ、必ずしも会社の財産がふえる、減るということにはかかわらず、端的に株価に影響を与えるタイプの出来事を規制するのが本来あるべきインサイダー取引規制の対象であるはずですから、そこにターゲットを置くような解釈ないしは条文の整理、立法論的には改正とかを含めて考えるべきではないかということです。

全くおっしゃるとおりでありまして、金商法166条2項4号がせっかくバスケット条項として規定されているので、ここをうまく活用するような方向で議論すべきだと思いますから、株式併合についてもここに含まれるのだと読んでしまってもいいのかもしれない。私の立場からすると、読んでしまってもいいのかなと思っていますが、しかし「当該上場会社等の運営、業務又は財産に関する重要な事実であつて」という限定がかかっているようにしか読めない条文なので、そうすると、立法の経緯からしても、いかに構成要件を明確化するかという観点で条文がつくられています。こういうバスケット条項についても、裸で「投資者の投資判断に著しい影響を及ぼすもの」と書いてもよかったはずのところ、あえてこういう限定するような文言が入ったことからすると、会社法の解釈のように、自由に文言を無視した解釈はできないのではないかと、悩ましく思っているところです。

○河村委員　暗号資産のインサイダー取引とかを考えていく上でも、本当に示唆に富むご研究というか、今のお考えとかも本当に参考になりました。どうもありがとうございました。

○松尾委員　ご報告ありがとうございます。私の質問は簡単なのですが、株式分割を重要事実とすることについて、流動性に影響することを根拠にすると、売買単位の変更そのものが重要事実になってきても全然不思議ではないと思います。もっとも売買単位を決定にかかる重要事実に入れると、いよいよ異質性というか、他の重要事実との違いが際立ってしまって、今、河村先生がおっしゃったような方向に見直していかざるを得ないのではないかとも思いました。売買単位の変更自体を重要事実とすることについて、先生のお考えをお聞きできればと思います。

○飯田報告者　おっしゃるとおりで、端的に売買単位、単元株を変更するための定款変更を行うことについての決定とかと入れてしまうというのもあるかもしれません。実質論としては、おっしゃるとおりの条文にしてしまうのが一番シンプルかもしれません。

　他方で、さっきも申し上げたとおり、株式分割は実質配当、増配として使

われたりもしますし、逆に株式併合はキャッシュアウトとしても使われたりするので、結局、その外側にさらに事実を追加しないといけません。現状よりは追加したほうがいいという立場ではあります。おっしゃるとおりだと思います。

他方では、取引所のルールそれ自体が、未来永劫、そういう100株を1単元にして取引しましょうという制度で維持される保証はないので、取引所のルールにあまり依存しない形で条文をつくっておく必要もありそうな気がするので、売買取引単位というよりは会社法上の文言とかに引きつけた、結局、単元株の設定の変更とか、その辺のあたりにならざるを得ない。それはそれで軽微基準をつくるとすると、文字どおり株式分割も併合も何もない単元株の変更だけというのはあり得る。そうすると、それはどうなるのか。文字どおり、実質としては最低取引単位がふえたり減ったりするのでいいのですが、なお別の問題があるかもしれないなと、今、直感的に思いました。

○神作会長　私から1つご質問させていただければと思います。

20ページの仮説について、流動性仮説、シグナリング仮説と取引制約仮説が挙がっています。今日では、取引制約仮説は問題にならないということですが、流動性仮説とシグナリング仮説は必ずしも矛盾するものではないように思います。また、それ以外の仮説もあり得るように思います。例えば株式分割をして個人株主をふやしたい、さらに政策保有株式を減らしていって、それに伴い相手方企業が保有している当該会社の株式を手放してもらい、それらの株式についてもできれば個人株主に取得してもらいたいといった会社の株主政策というのでしょうか、そういうものとセットで株式分割が行われると、流動性ともシグナリングとも違う第3の株主構成として会社が考えているあり方について明確な方針が示され、そのための手段の一つとして株式分割が行われるとすると、もしかしたらそのような株式分割の決定事実が投資判断に影響を及ぼす可能性もあり得るように思われます。近時はむしろそのようなコーポレートガバナンスの観点も投資判断にとって重要になってきていると思います。

そのような広い意味でのコーポレートガバナンスが株価にどれだけ影響を与えるのかというのは問題があると思いますが、いずれにしても、株式分割をする場合には、流動性にしろ実質増配にせよ、あるいは今申し上げたような株主構成のあり方にせよ、いろいろな動機があって、株式分割がなされるのが通常であると思われます。そうだとすると、立法政策としても、背後にある動機や目的等も含めて、株式分割は投資判断にとって重要な影響があると、大ざっぱなくくりで言えなくもないのかなという気がしています。特に３番目のガバナンス、株主構成のあり方に関連して株式分割がなされた場合について実証研究や議論があれば、ご教示いただき、また、それについて飯田先生ご自身はどのようにお考えか、コメントいただければと思います。

○**飯田報告者**　おっしゃるとおり、なぜ株価が動くのか、上昇するのかということについて、さまざまな理由が考えられ、それは同時並行的に起こっている可能性もかなり高いと思っております。

　例えば、流動性仮説で申し上げたことは、この会社は今まで個人投資家が少なかったけれどもふえますというニュースになり、その意味ではガバナンスの文脈では個人投資家がふえるという情報になります。そういう意味ではオーバーラップしていますが、流動性仮説のほうでいくと、個人投資家は基本的に食い物にされる、プロの利益のもとになるという位置づけになっているわけです。

　そうではなく、むしろ個人投資家がふえることで緊張感が高まると言ったらいいのでしょうか、持ち合いとか政策保有が岩盤になっていた会社が個人投資家をふやすことで、例えば敵対的買収とかが来たら、買収価格が高ければ応募するという行動をとるようになるという意味では、むしろ経営者にとっては厳しい判断をする可能性が高い人たちだと思います。

　そういう意味で、従来の持ち合いとかがかたく行われていた会社が株主構成について大きく変更しようと思っていて、そういうメッセージを出す一環として株式分割を行う。おっしゃるとおり、そういうケースはもちろんあると理解しております。

そうなってくると、株主構成を変更するに当たってどのぐらい影響があるのかという話になってくると思いますが、他方で株式分割などもセットにしながら取引しやすくすることで、個人投資家が入ってきたとしても、保有割合という観点から見ると、そんなに変わらないのではないかという気もします。そうすると、象徴的な意味はあると思いますが、データに反映するような意味で株価に大きな影響を与えるほどのインパクトのあるイベントとしてガバナンスの変更になるかというと、必ずしもそうではないのかなと直感的には思いました。その辺も含めてさらに調査したいなと思いました。

○齊藤委員　飯田先生、本日は会社法との境界領域につきまして、詳細な分析に基づきご説明いただきまして誠にありがとうございました。

　先生がおっしゃるように、株価に影響を与える事実をインサイダー事実として捉えていくという考え方については、同規制の趣旨に照らせば、そうあるべきなのだろうと思われました。

　他方で、少し調査してみると、ヨーロッパのインサイダー取引規制は必ずしもそのような考え方になっていないかもしれないと思われます。つまり、神作先生が言及されたこととも関連するのですが、会社の事業戦略や会社の企業価値に影響があり、それゆえに株価を動かすというものをインサイダー事実と捉えており、株価を変動させるからといって、直ちにインサイダー情報に当たるとは考えていないのではないか。

　株式分割についても、BaFin のガイドラインなどを見ますと、会社の収益や財務構成にも影響を与える限りではインサイダー事実になるけれども、そうでない限りは間接的に関連するにすぎないという扱いをされているようでございます。そのような私の理解がもし間違っているようでしたら、また教えていただきたいのですが、ヨーロッパと比較するときに、株式分割がインサイダー事実になるか否かを比べるというより、ヨーロッパと、日本あるいは飯田先生の考え方に開きがあるのかも含めて、すなわち、株式分割がインサイダー事実としてどのような位置づけを与えられているかについて、その背景となる規制の考え方も含めて比較することになるのではないかと思いま

した。

インサイダー事実一般の捉え方について、ヨーロッパと、飯田先生や日本法の考え方との間に乖離があるという捉え方でよいのか、これまでの調査・分析の過程で、何か先生のご感触のようなものがございましたら、お伺いできればと思います。

○飯田報告者　データベースをざっと見ただけでございますが、基本的にはおっしゃるとおりでありまして、日本の株式分割を重要事実に取り上げているということのほうが異例ではないかという感じを持ちました。つまり、会社の財産とか経営に論理的にはあまり影響がない行為であるにもかかわらず、正面からこれをインサイダーの規制にしていることのほうが珍しいのではないかと理解しております。基本的には齊藤先生が今おっしゃったような考えがヨーロッパなのだと思います。

ですから、こういうやや特殊なと言っていいのかわかりませんが、日本の現状がどういう理屈で正当化できるかということを少し考えたというのがきょうの作業でありまして、またそれを承認するなら株式併合も入れるべしということであります。逆に言うと、それがそもそもおかしい、インサイダー取引規制とはそういうものではないという方向性はもちろんあると思います。そこも含めて検討しなければいけないと思いますが、さすがにそこは第2弾の論文になるかなと思います。

いずれにしても、おっしゃるとおり、また、先ほど私が少しちゅうちょ申し上げたのもその辺で、166条2項のバスケット条項の文言は無視できない文言だと思っております。そうすると、やはりあの条文で株式併合を読み込むというのは相当無理をしているのではないかという直感的なためらいがございます。

他方で、しかし会社の財産とか経営とか運営とか、それ自体が変更されるものでないとインサイダー規制の対象にしてはいけないという話でもないのではないかと思っております。結局、規制の趣旨のことなので神学論争みたいになりますが、世界的にも同じですが、日本のように市場への投資家の信

35

頼の保護みたいな抽象論で議論し出すと、どんな事実でも株価に影響を与えるものであれば原理的には全部入っているし、入ってきてもおかしくないわけです。また、それを使って取締役とか会社の関係者だけが事実上利益を得られるという実態があるような場合、それは規制の対象になってもおかしくないと思っております。

そういうことで、ヨーロッパその他、各国それぞれで規制の哲学は違うと思います。また、日本の哲学も非常に難問なので、明快な答えができませんけれども、ご指摘のとおりの方向で、さらにヨーロッパも含めて検討したいと思いました。

○**小出委員** 飯田先生、ご報告ありがとうございます。

先ほど松尾先生がご質問されたことと同じことを質問しようと思っていたので、既に議論に出てしまっていることですが、私も松尾先生のご指摘のとおりだと思います。きょうの飯田先生のご報告のとおり、株式分割が株価に影響を与える理論的根拠が、仮に株式の流動性に対する影響だとするならば、株式分割のほかにも流動性に対して影響を与える行為はさまざまありますので、株式併合だけでなく、ほかのそのような行為についても、本来的にはインサイダー取引の対象としなければ不均衡であるようには思いました。

一方で、株式併合についてですが、株式分割の影響については、きょう、流動性仮説とシグナリング仮説、もう一つ、バブルという仮説をご説明いただきましたが、株式併合のほうについて、シグナリング仮説というのは成り立ち得るのでしょうか。流動性への影響のほうが問題だとするならば、流動性に影響を与える行為は全て捉える必要があると思いますが、私がそう思っているというわけではありませんが、むしろシグナリングのほうを重視していると仮に考えるのだとすると、株式併合についてはシグナリングの効果があまり大きくないのであれば、インサイダー取引規制の立法事実として株式併合を対象とする必要性はないのではないかという考え方もあり得るような気もいたしました。シグナリング仮説について、株式併合に当てはまる可能性があるのかどうかというのが質問です。

一方で、飯田先生が強調されておられたように、インサイダー取引規制の立法論を考える上では、本来、なぜ株価に影響を与えるのかは実はあまり大した問題ではなくて、株価に影響を与えるという事実のみが重要であるというのは、私もおっしゃるとおりだと思います。その意味で、あまり意味のない質問かもしれないとは理解しつつ、その点について教えていただければと思います。

○**飯田報告者** おっしゃるとおりで、いずれも問題点ではございますが、株式併合について、積極的に「うちの会社は業績が悪くなります」というメッセージを出したいと思う経営者はいないので、株式併合をする動機にはなっていないと思うのです。シグナリングで、うちの会社は実は今後もっとひどくなりますよというメッセージを出したくて株式併合をしているケースはないのだと思います。

ただ、事実のレベルの問題としては、やはり市場と経営者の認識にギャップがあって、本来ついている株価よりも将来は下がるというときに株式併合が行われがちです。そうすると、株式併合を行うということは、経営者としては、将来その会社の業績が悪くなるので、例えばアメリカでいくと株価が１ドルを下回ってしまうとか、それから復活できないから株式併合するのだと市場も理解するので、機能としてはシグナリングとして機能している可能性はあるのではないかと思います。

逆に言うと、しかしそういう理由だったら業績のいい会社も株式併合ができるので、情報の非対称性というか、契約理論におけるシグナリングとちょっと違うのかもしれませんが、他方で株式併合をあまりし過ぎると、それこそ最低取引単位が上がり過ぎるといったこともあるので、会社によっては株式併合することもコストがあるけれども、そのコストをかけてでも株式併合しないと上場廃止になってしまうから株式併合をするということがもし成り立つなら、シグナリングという話になると思います。

いずれにしろ、株式分割に比べると、あまりシグナリングという話は積極的にはされていなくて、むしろ現象として、なぜ株価が下がっているかとい

うときに、業績が悪い会社がやることが多いですねというタイプの研究が多いかなと思います。

○小出委員　今のご回答でよくわかったのですが、株式分割は比較的数が多いけれども、株式併合は売買単位の調整のとき以外はほとんどなかったということでしたが、株式分割とか株式併合をするときは、流動性に対して影響を与えるという動機ももちろんあると思いますが、一方で、今、先生がおっしゃったように、シグナリングをしたいかしたくないかという経営者の欲求は株式分割と株式併合では非対称なので、そこが影響を与えているのかなという気もしました。その意味では、もしかしたらシグナリング仮説のほうが、株式分割と株式併合とで制度が不均衡なことの説明になり得るのかと思いましたので、質問させていただきました。どうもありがとうございました。

○飯田報告者　さらに補足すると、先ほど神作先生ともやりとりしたとおりで、結局、個人投資家がどれぐらい参加しやすいか、しにくいかとか、そういったメッセージ性にもなる。そういう意味では、しかし結局株式分割と併合というのは裏表の関係があるのかなとも思っております。

　それから、一般投資家に対して魅力的なことをすれば、個人投資家が参入してくるという情報の1つとしては、例えば株主優待を変更する、導入する、廃止する、そういうのは、実際の投資行動に大きく影響しているように実態としては思います。私の理屈からすると、そういったものもインサイダー事実に取り込まれていてもおかしくない。そういうのはバスケット条項とかで読み込めないだろうか。会社から何か出ていくとか、あるいはサービス券、割引券等は、株式併合に比べると取り込みやすいのかなと思いますので、そういう方向で考えていけないかなとも思っておりました。

○萬澤委員　飯田先生、ご報告ありがとうございました。大変勉強になりました。

　先ほど齊藤先生がヨーロッパの規制について触れられたので、私もアメリカの規制の点から少し感想を申し上げたいと思います。

　先ほど、飯田先生の2ページのレジュメで、米国の判例では、我が国でい

う重要事実として株式分割が認められた事案はないとのご指摘がありました
が、私もデータベースで見た限り、株式分割も、また株式併合もそれに当た
るとした事案はないという印象を持ちました。

　では、それはどうしてか、ということを考えたのですが、アメリカでは規
制の枠組みが我が国とは異なっているということが関係しているように思い
ます。日本は、インサイダー取引を規制するために、個別具体的な条文が設
けられて、重要事実が具体的に列挙されていますが、飯田先生のレジュメ6
ページで「重要事実を具体的に列挙する例は珍し」いと書かれている通り、
アメリカでは、我が国でいう重要事実は具体的に列挙されていない。それの
みならず、インサイダー取引を禁ずる個別の条文もない。規制の根拠条文は
一般的な包括的な詐欺禁止条項で、重要事実に当たるかどうかは material
fact にあたるか、このマテリアリティ、すなわち重要性を満たすかどうかで
判断されるとなっています。

　一般的、包括的な詐欺禁止条項なので、マテリアリティを満たすかどうか
の議論も、詐欺の法的枠組みの中で論じられることになります。具体的には、
被告が会社の収益等について何らか虚偽の情報を開示した、あるいは誤導的
な情報を開示した、あるいは情報を正確にするために十分開示しなかったと
いったことで、投資家を誤認させて株式を買わせた、あるいは売らせたとい
う事案の中で、マテリアリティが認められるかが議論される。例えば、会社
の収益の大きな減少や資産価値の過大（または過小）評価が開示されなかっ
た場合は、それらの情報は合理的な投資者だったら投資判断をする際に重要
と思うであろうものとして、マテリアリティが認められる。また、剰余金の
配当の削減を開示しなかった事案でも実際マテリアリティが認められてい
る。ただ、剰余金の配当に関するものであれば常にマテリアリティを満たす
かというと、そういうわけではなくて、4％の配当が行われることを開示し
なかった事案でマテリアリティを否定したものもあるので、それぞれ事案に
よるといった運用がなされていると思います。

　このような議論の中で、株式分割や株式併合が、投資者を誤認させるよう

な、投資判断に重要と思うであろうものかというと、その点ではちょっと弱いというか、少なくともそういったものとしては使われてこなかったということなのではないかと思います。

　もちろん、株式分割も株式併合も株価を変動させ得るものなので、会社の株式の価値について投資家に誤認させることはあり得ると思います。実際、株式併合が詐欺の枠組みの中で使われた事案でマテリアリティが満たされるかどうかが問題となったものはあったようです。ただ、株式併合や株式分割単体では、私が見た限りではそのような形で争われたことはなかったし、マテリアリティが認められたものもなかったのではないかと思います。

○**飯田報告者**　萬澤先生、ありがとうございます。大変おっしゃるとおりだなと思うとともに、アメリカのことも、ないという方向で恐らくよさそうだと、ちょっと安心いたしました。

　お話を伺っていて思ったのは、日本のルールはいろいろな意味で特殊なのだなと再認識するとともに、例えば配当も、モジリアーニ・ミラーの定理とかが成立しているなら企業価値に影響しないので、あれがなぜインサイダー事実なのかということ自体も本当は検討の対象というか、私としては第3弾ぐらいでやるのかなとも思っています。

　そういうことでありますから、結局、理屈はともかく株価に影響しそうなものの一部分が決定事実等に取り込まれているのが日本法で、先ほどの齊藤先生のご指摘も含めて考えると、欧米とも大分状況が違うし、恐らく韓国とかとも違うのではないかと思います。いずれにしろ、割と独特の法ルールであるなということを再認識いたしました。

○**尾崎委員**　飯田先生のご報告とその後の質疑で、現行法の枠組みを前提に、株式分割がインサイダー取引の規制対象になるなら、株式併合もならないとバランスがおかしいということで、基本的には包括条項の話も含めて現行法の枠組みをかなり尊重した上で、立法論も入れながらご検討されているのかなと思います。

　他方で、株式分割の話をしている中でも、株式分割には配当のような側面

がある等、おっしゃっているところがあって、しかし、それを言うと、今の条文が重要事項を列挙して法形式で判断しているのはおかしいというところに結局戻ってきてしまうのではないか、先ほどの株主優待等により個人株主を増やそうというのも、「運営、業務又は財産に関する重要な事実」で読める余地があると言ってしまうと、今の枠組みの前提の部分にあまり合理性がないという認識に戻ってくるのではないかと思って伺っていました。

　この検討は、最初のほうのお話では、重要事実の規制のあり方についてのインプリケーションも得るということで問題を設定されていたのかなと思いますが、この問題設定には現行の枠組み自体の検討も入ってくることはないのでしょうか。聞いていて最終的に気になったので、お伺いしたいと思いました。

○飯田報告者　その難問については第２弾以降でということですが、基本的に現行法の枠組みをベースにもちろん考えるわけで、一言で言うと、株式分割はなぜ入っているのかというのが、結局よくわかりませんよねということでもあるのですが、なるべく理屈を立てるとこういうことになるのではないかというお話をしました。

　また、幾つかの仮説についても、必ずしも特定する必要はありませんが、しかしある程度の方向性を出さないと、ほかの国ではあまりないのに、なぜこの規制に株式分割が入っているのかということも問題になりますから、そこは考える必要があるだろうと思っております。この株式分割を入れるという価値判断というか立法政策が、結局、立法以来、定着しています。そうすると、日本的なあり方として、株価に直接影響を与えるものは捉えていくという発想で規制を設計していくことは、理由は十分あるのではないかという立場ではあります。

　ですので、株式優待のところは若干勇み足を言ったかもしれませんが、それはともかくとして、少なくとも現行法は論理一貫しないのではないかというあたりの問題提起をして、どういう方向で解決していくべきかということについても、一定程度の感触はありますが、それについては先行研究等を踏

まえて、また欧米の状況も踏まえて本格的に検討する必要があると思っております。

　今日のところでは具体的な方向性は出せていませんというおわびのコメントになります。

○尾崎委員　前提を知らなくて恐縮ですが、今、株式併合が列挙に挙げられていないのは、かなり意図的な選択の結果なのでしょうか。よくわかっていないのですが、なぜ外れているのでしょうか。

○飯田報告者　一言で言うと、わかりません。昔、ある研究会で、当時の委員だった河本一郎先生と雑談していたときにさまざまな経緯を伺ったことがあるのですが、結局、なぜこの条文になったのかよくわからない。少なくともオフィシャルな情報としては全くわからないのではないか。

　また、株式分割が入っているけれども株式併合が入っていないのは、コンメンタールとかでも時々指摘されていたりすると思いますが、その理由についてはベールに包まれたままなのではないかと思っております。

　一言で言うと、恐らく株式併合の数が少ないというのが１つと、やはり株式分割のほうは世の中で注目されていた、フォーカスが当たっていたこともあって規制したのかなとは思います。しかし、今日の目から見ると、合併とかと並んで決定事実に位置づけられているのは結構違和感があるので、真の理由はよくわからないというところかと思います。

○神作会長　今の点に関連して、大崎委員からご発言がございます。

○大崎委員　これは今、泥縄で調べたことなので、今後、飯田先生にご研究いただきたいということで申し上げるのですが、どうも株式分割とか株式併合とインサイダー取引規制の関連については、ベトナム、マレーシア、インドネシア等、途上国市場の研究者がいろいろ論文を出しているようで、その論文の問題意識は、やはり株式分割・併合が株価に著しい影響を及ぼしているという認識が前提としてあるみたいです。なので、もしかすると市場の成熟度と言うか、そういったものによって株価に与える影響に差があったりするので、欧米の人たちはそれほど問題意識を持たないけれども、日本も含め

それ以外の市場では関心を持たれるという関係があるのかもしれないとちょっと思いました。ぜひご探求いただければと思います。

　それから、株式分割が重要事実に入っているのは、株式分割はかつては無償増資と呼ばれて大変重要なコーポレートアクションだと見られていたので、これを入れるのは当時としては極めて自然だったのかなと、これも感想です。

○**飯田報告者**　おっしゃるとおりで、市場が非効率である証拠として、何でこんなので株価が上がっているのだという文脈で研究されているというか、行動ファイナンスとかでは題材にされやすいのかなと思います。アメリカの市場でも、同じプレミアムというか、株価は変動しているので、市場の非効率性のお国事情には必ずしもよらないところもあるかなと思っております。

　あと、後者の、今ご指摘いただいたとおり、昭和63年当時の商法を前提にすると、無償増資とか資本組入等、いろいろな議論がありましたが、商法が変わった後はその位置づけも大きく変わりました。会社法と金商法のずれは随所に見られますので、その1つの現象でもあるわけですが、今日の目から見ると決定事実に置いてあるのはおかしいというか、かなり違和感のある位置づけになっているのではないかと思っています。

○**森本理事長**　大変興味深い発表をありがとうございました。

　私は役所でインサイダー規制の制度とかをやっていて思いますのは、株式分割は事業運営や財務状況に影響がない、ということだけで重要事実にしないという理屈だけでやるのは、ちょっとどうかなと思います。また、比較法から見て変かどうかという角度からも分析すべきだと思いますが、それだけでも決められないと思います。

　ちょっと話がずれますが、思い出すのは、昔、時価発行増資が盛んだったときに、増資プレミアムという概念があるのかないのかということで、小宮隆太郎先生が「全くイリュージョンである」と厳しく批判されました。ただ、上場企業も投資家もみんなそう思っていて、それがバブル発生の1つの原因にもなったわけです。何が言いたいかというと、理屈もさることながら、会

社や投資家がどう思うかが大事で、ほかの国ではそう思わないと幾ら言っても、日本の市場でそう思われているのであれば、投資判断に重要な影響がある事実ということにならざるを得ないのだと思います。

　ただ、上場企業や投資家がこう思うというのも、この発表にもありましたように、変化しているわけです。それをちゃんとフォローして、重要事実に入れるべきかどうかを検証するというのは必要だと思います。

　ひょっとしたら、あまり重要ではなくなりつつあるのかもしれません。要するに、日本は単元株制度があったりして、株式分割が投資単位に影響を及ぼしていたわけです。それから、1株当たり配当という概念も今でもあります。しかし、投資単位の引下げは大分落ちついてきています。そういうものがそろそろ一巡した後、なおかつ重要事実にすべきかは検証すべきだと思いますし、そういうときに当たっては、ぜひ飯田先生を初め学者の先生方に、どういう判断基準で考えたらいいのか、ご研究いただけると大変ありがたいと思います。

○**飯田報告者**　歴史的な変遷というか、株式分割が果たしてきた機能は昔と大分違います。昭和63年当時の状況、プレミアムの分配みたいな話で使うと言われていた時代と今では全く状況が違うので、おっしゃるとおりだなと思います。また、投資家がどう思うかが重要だというのは、私が先ほど何度か往復でのやりとりをしていたときの私の発言でもあり、サポートしていただいたと思って、勝手に心強く思いました。

　他方で、ちょっと悩ましいのが、今かなりマーケットがグローバル化して、日本でも海外投資家が多くなってきているので、仮に日本だけで株式分割とかが株価に影響を与えると思っているというわけではないはずです。グローバルに同じような現象が起こっている中で、またグローバルにプレーヤー（投資家）が売買しているときに、ある国ではインサイダー事実として刑事罰まで科している、ほかの国ではあまりやっていないというときに、また文脈は違いますが、グローバルなマーケットとしての東京、日本市場を考えたとき、インサイダー取引がどうあるべきかということも考えなければいけないのか

なと、話を壮大にした割にはそれを回収できない、将来の研究の課題にしたいということだけ申し上げて、お答えとさせていただきます。

○**神作会長** どうもありがとうございました。そろそろ予定の時刻になりましたので、本日はこのあたりで質疑応答を終了させていただきたいと思います。飯田先生には本当に貴重なご報告をいただき、誠にありがとうございました。

　次回の研究会は、議事次第にございますように、4月8日（火）、10時から12時の予定で開催させていただきます。小出篤先生にご報告いただく予定でおります。

　それでは、以上をもちまして本日の研究会を終了いたします。本日も大変お忙しいところ、誠にありがとうございました。

報告者レジュメ

株式分割と資本市場 ——なぜ株式分割はインサイダー取引規制における重要事実なのか——

飯田秀総

処分の例があること

- 実例あり
  - 刑事事件
  - 課徴金納付命令

- 米国
  - 判例では見当たらない
  - Securities and Exchange Commission, Selective Disclosure and Insider Trading, Release No. 7881では、重要情報に当たる可能性のある例として例示

金融商品取引法166条2項1号の決定事実の中での株式分割の特殊性

- 合併や業務上の提携など
- 上場会社の「事業運営や財務状況を変化させるもの」
- 株式分割
  - 株式数が割合的に増加するだけ
  - 事業運営や財務状況を変化させるものではない

横畠裕介『逐条解説　インサイダー取引規制と罰則』（商事法務研究会、1989）

「株主において分割によって得た株式を売却することができるなど、株式の流通性が増大し、株価を上昇させる効果があることから、投資者の投資判断に影響を及ぼすべきものと考えられる」

軽微基準：　株式分割により1株に対し増加する株式の数の割合が0.1未満であること　→　「実務的には、一対一〇から一〇対一一までの分割がほとんどであり、軽微基準に該当する株式の分割は少ないものと思われる」

本論文の問題

- 株式の流通量が増えることによって市場の流動性が高まることで企業価値が高まることを前提にしてインサイダー取引規制を設計する
- 株式併合は、株式分割の裏返しの行為なのだから、株式の流動性を減少させる可能性があるにもかかわらず、インサイダー取引規制における重要事実としては位置づけられてはいないのはなぜなのか
- 株式分割と株式併合とでは、株価への影響の仕方について表裏一体の関係にはないのか
- 株式分割の特徴は何なのか

問題の位置づけ①：インサイダー取引規制の重要事実の規制のあり方

- 金融商品取引法166条2項のように重要事実を具体的に列挙する例は珍しく、また、そうであるがゆえに立法論としてはより包括的な規定にするべきではないのかとの論点について様々な議論がなされてきている
- 「本来は、重要事実とは、合理的な投資家の投資判断に影響を与える蓋然性が高い情報かどうかが基準となるべきである。」「重要事実については、罪刑法定主義の要請から、ある程度明確であることが要請されるが、内部者取引規制の目的に照らし、そもそも刑事罰を科して律すべき場合がどのような場合かを再吟味する必要があ（る）」
  神田秀樹＝黒沼悦郎＝松尾直彦『金融商品取引法コンメンタール4』（商事法務、2011）131頁（神作裕之）

問題の位置づけ②：株式分割に係る法と経済学（法とファイナンス）

- 株式分割はファイナンス・会計学・法学の研究対象
- 大蔵省理財局調査部「株式分割の市価に及ぼす影響」調査月報 37巻9号（1948）194頁：株式分割の公表で株価上昇との研究を紹介
- 株式分割による株価の上昇にはバブルへの期待があるから上昇するという仮説　→　インサイダー取引規制は、バブルのきっかけとなる情報をも対象とするべきなのか？

問題の位置づけ③：会社法学における株式分割の理解の更新

- 株式分割には流動性を高める機能がある
- 株式分割が市場株価に与える影響
- 近時の実態を踏まえた議論はほとんどなされていない

商法における一般的な理解

- 株式分割は、会社財産に変動が生ずるわけではない
- 株価への影響としては、分割割合どおりには株価が下落しないので株主は実質的に利益を得ることが多いとの指摘もある
- 10株を11株に分割すれば、1株の実質的経済価値はもとの90.9％に下落するはずだが、1株あたり当期純利益の額・配当金額等を従来通り維持できる自信があって会社はそれを行ったであろうと証券市場が理解し、1株の価格はさほど下落しないことが多い
- 分割比率が低く、そのため分割後も1株あたりの配当額が維持されると予想される場合
= 　シグナリング機能
　　　　　↓
インサイダー取引規制の導入時の流動性向上との関係は？

流動性仮説

- 株式分割によって投資単位が低下する
- 個人投資家が増加する
- ノイズトレーダーが増加する
- 情報トレーダーにとっての収益機会が増加する
- 市場での取引が活発になって流動性が向上する
- 資本コストが低下して株価を向上させる

シグナリング仮説

- 株式分割はコストがかかる
  - 株式分割によって株主数が増えれば株主管理コストがかかる
- すべての会社が自由に株式分割をできるわけではない
- コストをかけてまで株式分割をするということは、株式分割の発表が将来の業績の改善という経営者のみが知っていて市場には知られていない情報を知らせるシグナルとして機能する
- だから株価を向上させる
- 石田惣平＝高橋大樹「株式分割がもたらす経済的帰結」証券アナリストジャーナル61巻12号（2023）106頁
  - 株式分割の前後でのROAとROEの変化を検証しても株式分割を実施した企業が株式分割を実施していない企業より統計的に有意な業績の改善をしているわけではない

取引制約仮説

- 株式分割の基準日から効力発生日までの約50日間は旧株式しか取引できず、需給バランスが歪んでいて品薄状態が続く制度
- 株価が上昇するという分割バブル効果が生じていた
  - Robin Greenwood, Trading Restrictions and Stock Prices, 22 Review of Financial Studies 509 (2009)
- 株価上昇の要因には、バブルに対する期待も含まれていた
  - 顔菊馨＝小幡績＝太宰北斗「株式分割バブル——マーケットセンチメントとバブルの膨張——」慶應経営論集38巻1号（2022）25頁

上場会社における株式分割の件数
データ出典：株式会社金融データソリューションズの「個別銘柄ファイナンス情報」

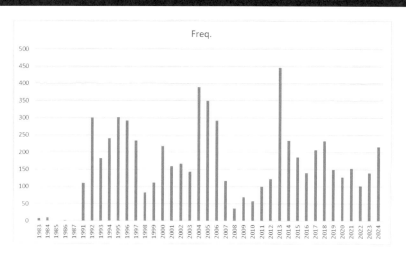

売買単位の統一の取り組み

出典：全国証券取引所「売買単位の集約に向けた行動計画」（平成19年11月27日）

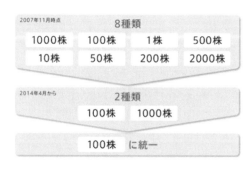

出典：
https://www.jpx.co.jp/equities/improvements/unit/index.html

2013年の東証上場会社の株式分割

- 売買単位の変更（単元株の設定の変更）：348社

- 株式分割の実施：279件
  - 分割割合の平均値86倍（1株を86株に）
  - 分割割合の中央値100倍（1株を100株に）

- 株式併合の実施：14件

year	Mean	p50	SD	Min	Max	N
1983	1.83	2.00	0.34	1.10	2.00	8
1984	1.59	1.50	0.32	1.10	2.00	10
1985	1.10	1.10	.	1.10	1.10	1
1986	1.30	1.30	0.28	1.10	1.50	2
1987	1.10	1.10	.	1.10	1.10	1
1991	1.15	1.10	0.10	1.02	1.50	110
1992	1.16	1.10	0.12	1.03	2.00	301
1993	1.13	1.10	0.08	1.03	1.50	182
1994	1.17	1.10	0.13	1.02	2.00	240
1995	1.15	1.10	0.11	1.01	2.00	302
1996	1.15	1.10	0.10	1.02	1.60	292
1997	1.15	1.10	0.11	1.02	2.00	234
1998	1.16	1.10	0.11	1.03	1.50	83
1999	1.34	1.20	0.48	1.02	5.00	111
2000	1.59	1.30	1.14	1.05	15.00	218
2001	1.57	1.25	0.65	1.03	5.00	159
2002	6.26	2.00	39.35	1.05	500.00	166
2003	16.01	2.00	167.09	1.10	2000.00	143
2004	6.39	2.00	52.00	1.10	1000.00	389

year	Mean	p50	SD	Min	Max	N
2005	4.02	2.00	13.95	1.05	200.00	349
2006	4.10	2.00	29.14	1.05	500.00	292
2007	10.70	2.00	92.25	1.05	1000.00	117
2008	2.11	2.00	1.05	1.05	5.00	37
2009	100.01	3.00	192.14	1.10	1000.00	69
2010	93.47	4.00	168.80	1.10	1000.00	58
2011	83.01	4.00	139.35	1.10	1000.00	100
2012	75.92	56.00	97.38	1.10	500.00	122
2013	86.45	100.00	94.14	1.10	1000.00	446
2014	39.38	4.00	52.89	1.10	200.00	234
2015	2.49	2.00	1.11	1.05	10.00	185
2016	2.19	2.00	0.64	1.10	5.00	140
2017	2.48	2.00	1.36	1.05	10.00	207
2018	2.48	2.00	1.12	1.05	10.00	233
2019	2.46	2.00	1.35	1.05	10.00	150
2020	2.32	2.00	0.85	1.05	7.00	127
2021	2.48	2.00	1.12	1.10	10.00	153
2022	2.46	2.00	1.30	1.10	10.00	102
2023	2.92	2.00	2.30	1.10	25.00	140
2024	3.22	3.00	1.71	1.10	10.00	216

上場会社における株式分割割合

1.1倍で実質増配の機能を含意する例

Ⅱ-1. サマリー　COTA

1	引き続き当社独自のビジネスモデルを展開し、増収増益を目指す
2	2024年4月1日に株式分割を実施（14期連続）
3	1株当たり配当金20円を予想 →株式分割（1:1.1）により実質増配 →配当性向：40.9%

（プライム・4923）COTA コタ株式会社

出典：コタ　決算説明会資料

2倍の株式分割で配当を0.5倍にする例

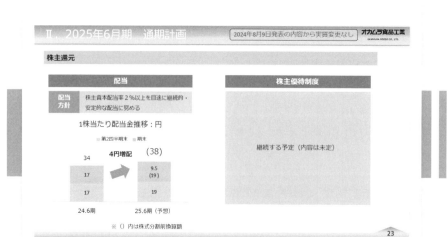

出典：オカムラ食品工業　決算補足説明資料

2013年に売買単位の変更と同時に行われた株式分割

分割割合	売買単位の変更	件数
500	1→100	4
400	1→100	3
300	1→100	4
200	1→100	36
100	1→100	199
50	10→100	1
20	1→100	1
10	1→100	8
10	1→10	13
2	10→100	1
2	50→100	6
1.3	1000→100	1
1.1	1000→100	1
1.1	500→100	1

①実質的に売買単位の取引必要額の**引下げ**の例
- 株式分割割合が500倍（1株を500株に）、売買単位が同時に1株から100株に変更の場合、売買に必要な最低金額が5分の1に下がった

③実質的に売買単位の取引必要額が**不変更**の例
- 株式分割割合が100倍（1株を100株に）、売買単位が同時に1株から100株に変更の場合、売買に必要な最低金額は同じ

②実質的に売買単位の取引必要額の**引上げ**の例
- 株式分割割合が10倍（1株を10株に）、売買単位が同時に1株から100株に変更の場合、売買に必要な最低金額が10倍に上がった

（出典）東京証券取引所「単元株式数（売買単位）の変更会社一覧（2018年10月1日現在）」をもとに筆者作成

実質的に売買単位の取引必要額が不変更：291件（2013年4月1日～2018年10月1日）

- 流動性仮説
  - 売買単位に必要な金額は変わらない
  - 個人投資家にとっての取引のしやすさは全く変わらない
  - 市場流動性の向上は生じない
  - 株式分割のニュースの公表がされても市場価格は変動しない
- シグナリング仮説
  - 売買単位の統一のための取り組みであって、メッセージ性なし
  - 株価変動なし
- 取引制約仮説
  - 制度が改善されて以降はその仮説の前提条件が不成立
  - 株式分割という発表でバブルが生じることを期待する投資家が多ければ、株価が上昇する可能性はある

株価に有意な影響は観察されず

	公表日前後7日間のリターン	市場調整リターン
平均値	3.42%	3.20%
中央値	0.00%	-0.02%
正	143件	145件
負	144件	146件
ゼロ	4件	0

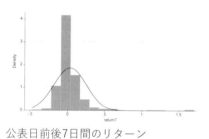
公表日前後7日間のリターン

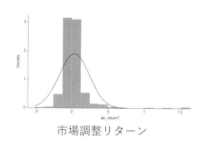
市場調整リターン

2018年10月1日以降の株式分割：有意に正

	公表日前後7日間のリターン	市場調整リターン
平均値	6.99%	6.57%
中央値	4.85%	4.63%
正	666件	653件
負	215件	236件
ゼロ	8件	0

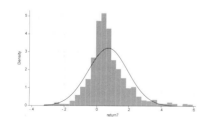
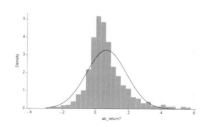

株式併合の場合

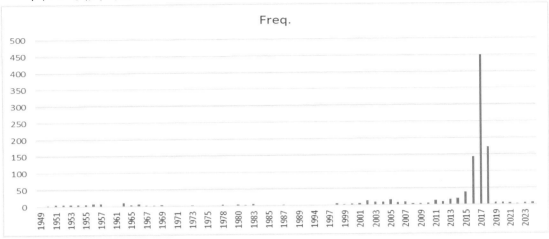

(出典)株式会社金融データソリューションズの「個別銘柄ファイナンス情報」より筆者作成。横軸は株式併合の効力発生日の年である。縦軸は株式併合の件数である。

2017年に売買単位の変更と同時に行われた株式併合

併合割合	売買単位の変更	件数
10分の1	1000→100	257
5分の1	1000→100	135
2分の1	1000→100	33

(出典)東京証券取引所「単元株式数(売買単位)の変更会社一覧(2018年10月1日現在)」をもとに筆者作成。

株式併合の理由の例
株式会社REVOLUTION（2024年8月30日）

当社が発行する普通株式の発行済株式総数は2024年4月30日現在664,332,877株です。当社普通株式の株価水準は、全国証券取引所が望ましいとしている投資単位の水準（1単元あたり50万円未満）ではあるものの、株価が相対的に低いことから、投機対象として株価の大きな変動を招きやすい状況となっております。

また、2024年8月29日現在の当社株価は35円であり、1円あたりの株価変動率についても相対的に大きく、株主及び一般投資家の皆様への影響は小さくない状況であると認識しております。

このような状況を踏まえ、取引所市場や一般投資家からの信頼獲得に繋げるために、当社普通株式の株価及び株式の投資単位の適切な水準への調整や、将来の柔軟かつ機動的な株主還元施策を実施するうえで最適な発行済株式総数の実現等の観点から総合的に勘案し、10株を1株に併合する株式併合を実施するものであります。

25

投資単位の分布状況

投資単位	（社）	投資単位	（社）
5万円未満	654	50万円～100万円未満	178
5万円～10万円未満	828	100万円～150万円未満	15
10万円～20万円未満	1,110	150万円～200万円未満	5
20万円～30万円未満	557	200万円以上	11
30万円～40万円未満	308		
40万円～50万円未満	157		

2024年9月末時点

https://www.jpx.co.jp/equities/listing/company-split/index.html

26

株式併合（140件、上場廃止除く。）

Variable	Obs	Mean	Std. dev.	Min	Max
return7	140	-.0273146	.1671196	-.5255154	1
ab_return7	140	-.02473	.1653078	-.50678	.9921918

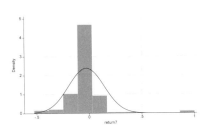 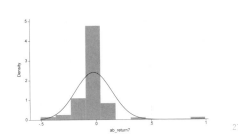

株式併合（140件）：
有意に負

	公表日前後7日間のリターン	市場調整リターン
平均値	-4.16%	-3.88%
中央値	-0.78%	-1.47%
正	40件	49件
負	76件	89件
ゼロ	22件	0

検討①

- 株式分割は、株価を上昇させる情報である
  - ただし、株価が下落するケースもある
- 流動性仮説、シグナリング仮説、バブル
  - もしバブルだけ　→インサイダー取引規制の対象とする必要あるか？
  - 流動性向上、シグナリング　→情報の不平等を許すことは市場に対する投資者の信頼を損なう、と一応は言える
- 株式分割の機能は時代ごとに違う
  - 株式分割の促進が言われていた時代
  - 1.1倍程度の分割比率→実質増配→シグナリング
  - 需要過多になる制度上の歪み（2006年まで）→バブル
  - 売買単位の統一のために株式分割（2018年まで）
    - 株式分割を打ち消す単元株の変更を同時にするときは規制するべきではない
  - 2018年以降は、流動性向上（？）

検討②

- 株式併合（上場廃止の一環のものを除く。）は、株価を下落させる情報である可能性が高い
- 流動性の低下、であれば株式分割と株式併合は裏表の関係
- 株式併合をインサイダー事実とする立法論もあり得る
- ただし、上場廃止のために行われる株式併合は、二段階買収なら情報価値は低いが、支配株主が一段階で株式併合するなら株価上昇要因となり得る
- 株式分割は株価上昇要因、株式併合は上昇・下落の両方
  - しかし、合併等も上昇・下落の両方あり得る
- 株式分割は取締役会決議、株式併合は株主総会決議
  - しかし、合併も株主総会決議が必要
- 株式併合は、取締役会が反対でも株主提案で実現可能。合併は、合併契約の締結が前提だから株主提案だけでは不可能
  - しかし、配当も、株主提案だけで実現可能
- 株式併合をインサイダー事実として取り扱うことの理論的な障害はないのではないか

金融商品取引法研究会名簿

(令和7年2月27日現在)

会 長	神 作 裕 之	学習院大学法学部教授
委 員	飯 田 秀 総	東京大学大学院法学政治学研究科教授
〃	大 崎 貞 和	野村総合研究所未来創発センター主席研究員
〃	尾 崎 悠 一	東京都立大学大学院法学政治学研究科教授
〃	加 藤 貴 仁	東京大学大学院法学政治学研究科教授
〃	河 村 賢 治	立教大学法学部教授
〃	小 出 篤	早稲田大学法学部教授
〃	後 藤 元	東京大学大学院法学政治学研究科教授
〃	齊 藤 真 紀	京都大学法学研究科教授
〃	武 井 一 浩	西村あさひ法律事務所パートナー弁護士
〃	中 東 正 文	名古屋大学大学院法学研究科教授
〃	松 井 智 予	東京大学大学院法学政治学研究科教授
〃	松 井 秀 征	立教大学法学部教授
〃	松 尾 健 一	大阪大学大学院高等司法研究科教授
〃	松 元 暢 子	慶應義塾大学法学部教授
〃	萬 澤 陽 子	筑波大学ビジネスサイエンス系准教授
〃	宮 下 央	ＴＭＩ総合法律事務所弁護士
〃	行 岡 睦 彦	神戸大学大学院法学研究科教授
オブザーバー	三 井 秀 範	預金保険機構理事長
〃	齊 藤 将 彦	金融庁企画市場局市場課長
〃	坂 本 岳 士	野村證券法務部長
〃	大 門 健	大和証券グループ本社経営企画部法務課長
〃	本 多 郁 子	ＳＭＢＣ日興証券法務部長
〃	安 藤 崇 明	みずほ証券法務部長
〃	窪 久 子	三菱ＵＦＪモルガン・スタンレー証券法務部長
〃	松 本 昌 男	日本証券業協会常務執行役自主規制本部長
〃	森 本 健 一	日本証券業協会政策本部共同本部長
〃	坪 倉 明 生	日本証券業協会自主規制企画部長
〃	塚 﨑 由 寛	日本取引所グループ総務部法務グループ課長
研 究 所	森 本 学	日本証券経済研究所理事長
〃	髙 木 隆	日本証券経済研究所常務理事
〃（幹事）	高 逸 薫	日本証券経済研究所研究員
〃（幹事）	永 田 裕 貴	日本証券業協会規律本部規律審査部課長

(敬称略)

61

［参考］　既に公表した「金融商品取引法研究会（証券取引法研究会）研究記録」

第1号「裁判外紛争処理制度の構築と問題点」　　　　　　2003年11月
　　　　　報告者　森田章同志社大学教授

第2号「システム障害と損失補償問題」　　　　　　　　　2004年1月
　　　　　報告者　山下友信東京大学教授

第3号「会社法の大改正と証券規制への影響」　　　　　　2004年3月
　　　　　報告者　前田雅弘京都大学教授

第4号「証券化の進展に伴う諸問題(倒産隔離の明確化等)」　2004年6月
　　　　　報告者　浜田道代名古屋大学教授

第5号「EUにおける資本市場法の統合の動向　　　　　　2005年7月
　　　　　　　―投資商品、証券業務の範囲を中心として―」
　　　　　報告者　神作裕之東京大学教授

第6号「近時の企業情報開示を巡る課題　　　　　　　　　2005年7月
　　　　　　　―実効性確保の観点を中心に―」
　　　　　報告者　山田剛志新潟大学助教授

第7号「プロ・アマ投資者の区分―金融商品・　　　　　　2005年9月
　　　　　　販売方法等の変化に伴うリテール規制の再編―」
　　　　　報告者　青木浩子千葉大学助教授

第8号「目論見書制度の改革」　　　　　　　　　　　　　2005年11月
　　　　　報告者　黒沼悦郎早稲田大学教授

第9号「投資サービス法(仮称)について」　　　　　　　　2005年11月
　　　　　報告者　三井秀範金融庁総務企画局市場課長
　　　　　　　　　松尾直彦金融庁総務企画局
　　　　　　　　　　　　投資サービス法(仮称)法令準備室長

第10号「委任状勧誘に関する実務上の諸問題　　　　　　2005年11月
　　　　　　―委任状争奪戦（proxy fight）の文脈を中心に―」
　　　　　報告者　太田洋 西村ときわ法律事務所パートナー・弁護士

第11号「集団投資スキームに関する規制について　　　　2005年12月
　　　　　　―組合型ファンドを中心に―」
　　　　　報告者　中村聡 森・濱田松本法律事務所パートナー・弁護士

第12号「証券仲介業」　　　　　　　　　　　　　　　　2006年3月
　　　　　報告者　川口恭弘同志社大学教授

第13号「敵対的買収に関する法規制」　　　　　　　　　2006年5月
　　　　報告者　中東正文名古屋大学教授

第14号「証券アナリスト規制と強制情報開示・不公正取引規制」　2006年7月
　　　　報告者　戸田暁京都大学助教授

第15号「新会社法のもとでの株式買取請求権制度」　　　　2006年9月
　　　　報告者　藤田友敬東京大学教授

第16号「証券取引法改正に係る政令等について」　　　　　2006年12月
　　　（ＴＯＢ、大量保有報告関係、内部統制報告関係）
　　　　報告者　池田唯一　金融庁総務企画局企業開示課長

第17号「間接保有証券に関するユニドロア条約策定作業の状況」　2007年5月
　　　　報告者　神田秀樹　東京大学大学院法学政治学研究科教授

第18号「金融商品取引法の政令・内閣府令について」　　　2007年6月
　　　　報告者　三井秀範　金融庁総務企画局市場課長

第19号「特定投資家・一般投資家について―自主規制業務を中心に―」　2007年9月
　　　　報告者　青木浩子　千葉大学大学院専門法務研究科教授

第20号「金融商品取引所について」　　　　　　　　　　　2007年10月
　　　　報告者　前田雅弘　京都大学大学院法学研究科教授

第21号「不公正取引について―村上ファンド事件を中心に―」　2008年1月
　　　　報告者　太田洋　西村あさひ法律事務所パートナー・弁護士

第22号「大量保有報告制度」　　　　　　　　　　　　　　2008年3月
　　　　報告者　神作裕之　東京大学大学院法学政治学研究科教授

第23号「開示制度（Ⅰ）―企業再編成に係る開示制度および　　2008年4月
　　　　集団投資スキーム持分等の開示制度―」
　　　　報告者　川口恭弘　同志社大学大学院法学研究科教授

第24号「開示制度（Ⅱ）―確認書、内部統制報告書、四半期報告書―」　2008年7月
　　　　報告者　戸田　暁　京都大学大学院法学研究科准教授

第25号「有価証券の範囲」　　　　　　　　　　　　　　　2008年7月
　　　　報告者　藤田友敬　東京大学大学院法学政治学研究科教授

第26号「民事責任規定・エンフォースメント」　　　　　　2008年10月
　　　　報告者　近藤光男　神戸大学大学院法学研究科教授

第27号「金融機関による説明義務・適合性の原則と金融商品販売法」2009年1月
　　　　報告者　山田剛志　新潟大学大学院実務法学研究科准教授

第28号「集団投資スキーム（ファンド）規制」　　　　　　2009年3月
　　　　報告者　中村聡　森・濱田松本法律事務所パートナー・弁護士

第 29 号「金融商品取引業の業規制」　　　　　　　　　　　　2009 年 4 月
　　　　報告者　黒沼悦郎　早稲田大学大学院法務研究科教授

第 30 号「公開買付け制度」　　　　　　　　　　　　　　　　2009 年 7 月
　　　　報告者　中東正文　名古屋大学大学院法学研究科教授

第 31 号「最近の金融商品取引法の改正について」　　　　　2011 年 3 月
　　　　報告者　藤本拓資　金融庁総務企画局市場課長

第 32 号「金融商品取引業における利益相反　　　　　　　　2011 年 6 月
　　　―利益相反管理体制の整備業務を中心として―」
　　　　報告者　神作裕之　東京大学大学院法学政治学研究科教授

第 33 号「顧客との個別の取引条件における特別の利益提供に関する問題」2011 年 9 月
　　　　報告者　青木浩子　千葉大学大学院専門法務研究科教授
　　　　　　　　松本譲治　ＳＭＢＣ日興証券　法務部長

第 34 号「ライツ・オファリングの円滑な利用に向けた制度整備と課題」2011 年 11 月
　　　　報告者　前田雅弘　京都大学大学院法学研究科教授

第 35 号「公開買付規制を巡る近時の諸問題」　　　　　　　2012 年 2 月
　　　　報告者　太田　洋　西村あさひ法律事務所弁護士・NY 州弁護士

第 36 号「格付会社への規制」　　　　　　　　　　　　　　2012 年 6 月
　　　　報告者　山田剛志　成城大学法学部教授

第 37 号「金商法第 6 章の不公正取引規制の体系」　　　　　2012 年 7 月
　　　　報告者　松尾直彦　東京大学大学院法学政治学研究科客員
　　　　　　　　教授・西村あさひ法律事務所弁護士

第 38 号「キャッシュ・アウト法制」　　　　　　　　　　　2012 年 10 月
　　　　報告者　中東正文　名古屋大学大学院法学研究科教授

第 39 号「デリバティブに関する規制」　　　　　　　　　　2012 年 11 月
　　　　報告者　神田秀樹　東京大学大学院法学政治学研究科教授

第 40 号「米国 JOBS 法による証券規制の変革」　　　　　　2013 年 1 月
　　　　報告者　中村聡　森・濱田松本法律事務所パートナー・弁護士

第 41 号「金融商品取引法の役員の責任と会社法の役員の責任　2013 年 3 月
　　　―虚偽記載をめぐる役員の責任を中心に―」
　　　　報告者　近藤光男　神戸大学大学院法学研究科教授

第 42 号「ドッド＝フランク法における信用リスクの保持ルールについて」2013 年 4 月
　　　　報告者　黒沼悦郎　早稲田大学大学院法務研究科教授

第 43 号「相場操縦の規制」　　　　　　　　　　　　　　　2013 年 8 月
　　　　報告者　藤田友敬　東京大学大学院法学政治学研究科教授

第 44 号「法人関係情報」   2013 年 10 月
　　　　　報告者　川口恭弘　同志社大学大学院法学研究科教授
　　　　　　　　　平田公一　日本証券業協会常務執行役

第 45 号「最近の金融商品取引法の改正について」   2014 年 6 月
　　　　　報告者　藤本拓資　金融庁総務企画局企画課長

第 46 号「リテール顧客向けデリバティブ関連商品販売における民事責任　2014 年 9 月
　　　　　―「新規な説明義務」を中心として―」
　　　　　報告者　青木浩子　千葉大学大学院専門法務研究科教授

第 47 号「投資者保護基金制度」   2014 年 10 月
　　　　　報告者　神田秀樹　東京大学大学院法学政治学研究科教授

第 48 号「市場に対する詐欺に関する米国判例の動向について」 2015 年 1 月
　　　　　報告者　黒沼悦郎　早稲田大学大学院法務研究科教授

第 49 号「継続開示義務者の範囲―アメリカ法を中心に―」   2015 年 3 月
　　　　　報告者　飯田秀総　神戸大学大学院法学研究科准教授

第 50 号「証券会社の破綻と投資者保護基金   2015 年 5 月
　　　　　―金融商品取引法と預金保険法の交錯―」
　　　　　報告者　山田剛志　成城大学大学院法学研究科教授

第 51 号「インサイダー取引規制と自己株式」   2015 年 7 月
　　　　　報告者　前田雅弘　京都大学大学院法学研究科教授

第 52 号「金商法において利用されない制度と利用される制度の制限」 2015 年 8 月
　　　　　報告者　松尾直彦　東京大学大学院法学政治学研究科
　　　　　　　　　　　　　　客員教授・弁護士

第 53 号「証券訴訟を巡る近時の諸問題   2015 年 10 月
　　　　　―流通市場において不実開示を行った提出会社の責任を中心に―」
　　　　　報告者　太田 洋 西村あさひ法律事務所パートナー・弁護士

第 54 号「適合性の原則」   2016 年 3 月
　　　　　報告者　川口恭弘　同志社大学大学院法学研究科教授

第 55 号「金商法の観点から見たコーポレートガバナンス・コード」 2016 年 5 月
　　　　　報告者　神作裕之　東京大学大学院法学政治学研究科教授

第 56 号「EUにおける投資型クラウドファンディング規制」 2016 年 7 月
　　　　　報告者　松尾健一　大阪大学大学院法学研究科准教授

第 57 号「上場会社による種類株式の利用」   2016 年 9 月
　　　　　報告者　加藤貴仁　東京大学大学院法学政治学研究科准教授

第 58 号「公開買付前置型キャッシュアウトにおける　　　　2016年11月
　　　　　価格決定請求と公正な対価」
　　　　　　　　報告者　藤田友敬　東京大学大学院法学政治学研究科教授

第 59 号「平成26年会社法改正後のキャッシュ・アウト法制」2017 年 1 月
　　　　　　　　報告者　中東正文　名古屋大学大学院法学研究科教授

第 60 号「流通市場の投資家による発行会社に対する証券訴訟の実態」2017 年 3 月
　　　　　　　　報告者　後藤　元　東京大学大学院法学政治学研究科准教授

第 61 号「米国における投資助言業者（investment adviser）　2017 年 5 月
　　　　　の負う信認義務」
　　　　　　　　報告者　萬澤陽子　専修大学法学部准教授・当研究所客員研究員

第 62 号「最近の金融商品取引法の改正について」　　　　　2018 年 2 月
　　　　　　　　報告者　小森卓郎　金融庁総務企画局市場課長

第 63 号「監査報告書の見直し」　　　　　　　　　　　　　2018 年 3 月
　　　　　　　　報告者　弥永真生　筑波大学ビジネスサイエンス系
　　　　　　　　　　　　　　　　　ビジネス科学研究科教授

第 64 号「フェア・ディスクロージャー・ルールについて」　2018 年 6 月
　　　　　　　　報告者　大崎貞和　野村総合研究所未来創発センターフェロー

第 65 号「外国為替証拠金取引のレバレッジ規制」　　　　　2018 年 8 月
　　　　　　　　報告者　飯田秀総　東京大学大学院法学政治学研究科准教授

第 66 号「一般的不公正取引規制に関する一考察」　　　　　2018 年12月
　　　　　　　　報告者　松井秀征　立教大学法学部教授

第 67 号「仮想通貨・ＩＣＯに関する法規制・自主規制」　　2019 年 3 月
　　　　　　　　報告者　河村賢治　立教大学大学院法務研究科教授

第 68 号「投資信託・投資法人関連法制に関する問題意識について」2019 年 5 月
　　　　　　　　報告者　松尾直彦　東京大学大学院法学政治学研究科
　　　　　　　　　　　　　　　　　客員教授・弁護士

第 69 号「「政策保有株式」に関する開示規制の再構築について」2019 年 7 月
　　　　　　　　報告者　加藤貴仁　東京大学大学院法学政治学研究科教授

第 70 号「複数議決権株式を用いた株主構造のコントロール」2019 年11月
　　　　　　　　報告者　松井智予　上智大学大学院法学研究科教授

第 71 号「会社法・証券法における分散台帳の利用　　　　　2020 年 2 月
　　　　　―デラウェア州会社法改正などを参考として」
　　　　　　　　報告者　小出　篤　学習院大学法学部教授

第 72 号「スチュワードシップコードの目的とその多様性」　2020 年 5 月
　　　　　　　　報告者　後藤　元　東京大学大学院法学政治学研究科教授

第 73 号「インデックスファンドとコーポレートガバナンス」 2020 年 7 月
　　　　報告者　松尾健一　大阪大学大学院高等司法研究科教授

第 74 号「株対価 M&A/株式交付制度について」　　　　　　2020 年 8 月
　　　　報告者　武井一浩　西村あさひ法律事務所パートナー弁護士

第 75 号「取締役の報酬に関する会社法の見直し」　　　　2021 年 2 月
　　　　報告者　尾崎悠一　東京都立大学大学院法学政治学研究科教授

第 76 号「投資助言業に係る規制 ―ドイツ法との比較を中心として―」 2021 年 6 月
　　　　報告者　神作裕之　東京大学大学院法学政治学研究科教授

第 77 号「インサイダー取引規制について」　　　　　　　2021 年 8 月
　　　　報告者　宮下　央　ＴＭＩ総合法律事務所弁護士

第 78 号「敵対的買収防衛策の新局面」　　　　　　　　　2021 年 10 月
　　　　報告者　中東正文　名古屋大学大学院法学研究科教授

第 79 号「事前警告型買収防衛策の許容性　　　　　　　　2021 年 12 月
　　　　―近時の裁判例の提起する問題―」
　　　　報告者　藤田友敬　東京大学大学院法学政治学研究科教授

第 80 号「金商法の改正案を含む最近の市場行政の動きについて」 2023 年 11 月
　　　　報告者　齊藤将彦　金融庁企画市場局市場課長

第 81 号「TOB・大量保有報告制度の見直しについて」　　2023 年 11 月
　　　　報告者　大崎貞和　野村総合研究所未来創発センター主席研究員

第 82 号「公開買付けにおける意見表明は必要か？」　　　2023 年 12 月
　　　　報告者　宮下　央　ＴＭＩ総合法律事務所弁護士

第 83 号「日本証券業協会の社債市場活性化に向けた　　　2024 年 3 月
　　　　制度整備に関する取組み」
　　　　報告者　松本昌男　日本証券業協会常務執行役・自主規制本部長

第 84 号「資産運用業規制―業務委託に係る規制の見直し―」 2024 年 5 月
　　　　報告者　神作裕之　学習院大学法学部教授

第 85 号「ドイツにおける公開買付規制のエンフォースメント」 2024 年 6 月
　　　　報告者　齊藤真紀　京都大学法学研究科教授

第 86 号「米国私募規制の改正と私募市場の現状」　　　　2024 年 7 月
　　　　報告者　松尾健一　大阪大学大学院高等司法研究科教授

第 87 号「経済成長戦略と上場会社法制」　　　　　　　　2024 年 8 月
　　　　報告者　武井一浩　西村あさひ法律事務所パートナー弁護士

第 88 号「サステナビリティ関連訴訟の近時の動向」　　　2024 年 12 月
　　　　報告者　松井智予　東京大学大学院法学政治学研究科教授

第 89 号「いわゆるソフトダラーの規制について　　　　　2025 年 2 月
　　　　　　—リサーチ・アンバンドリングを巡る米英の近時の議論状況」
　　　　　報告者　行岡睦彦　神戸大学大学院法学研究科教授

当研究所の出版物の購入を希望される方は、一般書店までお申し込み下さい。
金融商品取引法研究会研究記録については研究所のホームページ https://www.jsri.or.jp/
にて全文をご覧いただけます。

金融商品取引法研究会研究記録　第 90 号

株式分割と資本市場
　　—なぜ株式分割はインサイダー取引規制における
　　重要事実なのか—
　　令和 7 年 4 月 17 日
　　　　　　定価 550 円（本体 500 円 + 税 10%）

　　　　　編　者　金 融 商 品 取 引 法 研 究 会
　　　　　発行者　公益財団法人　日本証券経済研究所
　　　　　　　　　　東京都中央区日本橋 2-11-2
　　　　　　　　　　〒 103-0027
　　　　　　　　　　電話　03（6225）2326 代表
　　　　　　　　　　URL: https://www.jsri.or.jp

ISBN978-4-89032-709-6 C3032 ¥500E
定価 550 円（本体 500 円 + 税 10%）